TaVe

Wahre Geschichten

AUS

THÜRINGER BURGEN

Aufgeschrieben
von Wilfried Warsitzka

TAUCHAER VERLAG

WAHRE GESCHICHTEN NR. 21

Warsitzka, Wilfried:
Wahre Geschichten aus Thüringer Burgen / Wilfried Warsitzka
1. Aufl. – [Taucha]: Tauchaer Verlag, 1995
ISBN 3-910074-39-1

Satz, Reproduktion, Druck und Buchbinderei:
Offizin Andersen Nexö Leipzig GmbH
Printed in Germany
ISBN 3-910074-39-1

INHALT

VORWORT

Mittelalterliche Burgen üben auch heute noch auf viele Menschen einen eigenartigen Reiz aus, sei es als imposante Ruine oder als stilvoll wiederhergestellte Anlage. In der Thüringer Landschaft sind sie fast allgegenwärtig, wenig freistehende Bergkuppen findet man hier, die nicht irgendwann einmal eine Burg getragen haben oder heute immer noch tragen.

Fluchtburgen, die den Bewohnern eines bestimmten Landstriches als Zufluchtsort dienten, sind schon aus frühgeschichtlichen Epochen bekannt. Die Steinsburg bei Römhild in Südthüringen ist ein Beispiel aus keltischer Zeit. Auch die Germanen kannten Flucht- und Volksburgen. Nach der Eroberung des Thüringer Königreiches durch die Franken entstanden erste hölzerne, durch Wälle geschützte Warten und Beobachtungstürme an der Saale, welche die Grenze zwischen dem Frankenreich und den Sorben bildete. Später schützte man sich gegen die Ungarneinfälle durch Volksburgen, die auf Anweisung König Heinrichs I. angelegt wurden.

Die klassische Zeit des Burgenbaus waren jedoch das 11. bis 13. Jahrhundert. Das Befestigungsrecht, welches zur Zeit Heinrichs I. noch unangefochten in königlicher Hand lag, war inzwischen von Fürsten und Grundherren vereinnahmt worden. Neben Reichsburgen entstanden – insbesondere in Zeiten schwachen Königtums – in Thüringen zahlreiche Fürsten-, Grafen- und Ritterburgen. Diese Befestigungen dienten dem nach Herrschaft strebenden Adel als Machtstützpunkte, dienten der Sicherung erworbenen Grund und Bodens und der Durchsetzung von Herrschaftsrechten in dem beanspruchten Gebiet. Bau und Einrichtung der Burgen wurden daher hauptsächlich von militärischer Zweckmäßigkeit geprägt. Das blieb bis auf wenige Ausnahmen so bis ins späte Mittelalter. Wohnlich war es auf den meisten Burgen nie. Man lese nur den viel zitierten Bericht Ulrich von Huttens aus der Zeit der Reformation. Hutten schildert recht eindringlich den Alltag in der väterlichen Burg Steckelberg in Hessen, berichtet von der Enge zwischen den Mauern, vom Gestank nach Schießpulver, Vieh und Hunden, von Lärm und Geschrei, von ständiger Unruhe. Im Winter kamen Kälte und Finsternis der langen Abende hinzu, wenn jedes Fenster mit Läden verrammelt und mit Stroh verstopft war, die Gänge und Kammern nur kümmerlich von Fackeln und Kerzen erleuchtet wurden und die Burgbesatzung sich eng um den einzigen Ofen kauerte. Kein Wunder also, daß die Burgen verlassen wurden, als ihre militärische Bedeutung zu schwinden begann, und daß die Burgherren bequemere Schlösser in den Tälern bezogen.

Im Schutz der adligen Burgen entstanden aus Marktsiedlungen oft Städte. Zuweilen wurden mit dem Bau einer Burg auch neue Ortschaften planmäßig angelegt und mit Bauern aus benachbarten Dörfern besiedelt, wie das z. B. für Weissensee und für Creuzburg an der Werra überliefert ist.

Im späten Mittelalter erwarben auch reich gewordene Städte Burgen, um Handelsstraßen zu schützen. Bekannt für seine zielstrebige Burgenpolitik ist Erfurt, welche die Burg Kapellendorf von den Burggrafen von Kirchberg kaufte. Auch eine der drei Gleichen, die Burg Mühlberg, gehörte zu Erfurt.

Mit dem Niedergang des Adels im ausgehenden hohen Mittelalter wurden viele Burgen zu Raubnestern, von denen aus Zölle erpreßt oder gar Überfälle auf Kaufmannszüge, Städte und Klöster unternommen wurden. Dieses Unwesen beschränkte sich nicht nur auf die sogenannten Raubritter, verarmte Angehörige des niederen Adels, die auf diese Weise ihren Abstieg aufzuhalten versuchten. Zwei Beispiele aus dem hohen Adel sind Apitz, der Sohn des Landgrafen Albrecht des Entarteten von Thüringen, der von der Burg Tenneberg aus Klostergüter plünderte, und später Graf Sigmund I. von Gleichen, der in ständiger Fehde mit den Erfurtern lag.

Über Ereignisse, die sich hinter einheimischen Burgmauern abspielten oder mit Thüringer Burgen in Zusammenhang stehen, berichten Chroniken manche interessante Geschichte. Einige dieser Überlieferungen sind in dem vorliegenden Büchlein zusammengetragen worden – eine bunte, lesenswerte Palette von Schicksalen, die schlaglichtartig Macht und Elend der Menschen aus dem Dunkel vergangener Jahrhunderte treten lassen.

DER MARKGRAF IM KÄFIG

Östlich von Jena, auf dem steilen, langgestreckten Hausberg, erhebt sich hoch über dem Gembdental der Fuchsturm, Überrest der Burg Kirchberg, einer der drei Festen, die einst von diesem Berggrat aus das umliegende Land beherrschten. Generationen von Wanderern und Studenten diente der Turm als Ausflugsziel und erfreut sich als solches heute noch großer Beliebtheit.

937 wird Kirchberg zusammen mit Dornburg erstmals urkundlich erwähnt. Zunächst wohl nur Stützpunkt der Slawenmission, wurde die Burg später ähnlich wie Dornburg Zentrum eines königlichen Burgbezirks; ihre Aufgabe bestand in der Sicherung der wichtigen Weimar-Zeitzer Straße, die durch das Gembdental nach Osten führte. Der Kirchberger Burgbezirk dürfte sich im Osten bis in die Gegend von Großlöbichau erstreckt haben; westlich des Flusses umfaßte er offenbar nur einen schmalen Landstrich zwischen Jena, Leutra und Göschwitz.

Kirchberg diente auch als Königspfalz. Gesichert ist ein Aufenthalt Ottos III. Wahrscheinlich kam nach Ottos Tod auch sein Nachfolger Heinrich II. 1003 hierher. Die Überlieferung erzählt, der thüringische Adel habe unter Führung des Grafen Wilhelm II. von Weimar dem neuen König auf Kirchberg gehuldigt. Auch habe Graf Wilhelm den

Herrscher bei dieser Gelegenheit gebeten, den noch aus fränkischer Zeit auf dem thüringischen Volk lastenden Tribut aufzuheben, der in der Lieferung von jährlich fünfhundert Schweinen an die Hofküche bestand. Heinrich II. sei dieser Bitte unter dem Jubel der Anwesenden nachgekommen.

Dann taucht die Burg Kirchberg erst 1123 wieder im historischen Schriftgut auf, als königliches Lehen unter der Verwaltung des Markgrafen Heinrich II. von Meißen.

Heinrichs Vater, Graf Heinrich I. von Eilenburg, hatte sich um 1102 mit Gertrud, der Tochter des Markgrafen Eckbert I. aus dem Braunschweiger Fürstenhaus vermählt. Gertrud war bereits zweimal Witwe geworden, und dieses Schicksal sollte ihr auch ein weiteres Mal nicht erspart bleiben. Nicht lange nach der Hochzeit erkrankte und starb ihr dritter Mann. Die untröstliche Witwe glaubte an einen Giftanschlag, ein Verdacht, der zu jenen Zeiten bei plötzlichen Todesfällen oft geäußert wurde. Während der Beerdigung des Verstorbenen offenbarte die verwitwete Markgräfin den versammelten Vasallen, daß sie guter Hoffnung sei und vielleicht den künftigen Erben der eilenburgischen Linie der Wettiner unter dem Herzen trage. Die Markgräfin war nicht mehr in dem Alter, da Frauen in der Regel Kinder erwarten. Deshalb erregte ihre Ankündigung Erstaunen, bei einigen ihrer Verwandten aber auch Unwillen.

Die beiden Söhne des Grafen Thimo von Wettin und Brehna, Dedo IV. und Konrad, hatten sich schon als lachende Erben des kinderlosen Heinrichs von Eilenburg gesehen. Nun aber schien es ganz so, als würde diese schöne Erwartung zerplatzen. Sollte ihnen Heinrich doch noch einen Strich durch die Rechnung gemacht haben?

*Burg Kirchberg auf dem Hausberg bei Jena.
Steindruckzeichnung 1830.*

Wie einige Chronisten berichten, setzten die beiden Brüder ein boshaftes Gerücht in die Welt. Bald nach der Trauerfeier erzählte man sich überall, die Markgräfin-Witwe sei nicht schwanger, sie trage nur ein Federbett unter dem Kleid, damit ihr Leib aufgeschwollen erscheine. Als Gertrud diese Unterstellung zu Ohren kam, rief sie die Vasallen ihres verstorbenen Gemahls nach Eilenburg. Dort trat sie, umgeben von ihren Frauen, vor die Männer. Hoch erhobenen Hauptes und jegliche Scham überwindend, entblößte sie vor aller Augen ihren Leib, und jedermann konnte sehen, daß sie tatsächlich mit einem Kinde schwanger ging. Da schwuren ihr und dem erhofften Erben alle anwesenden Edlen und Dienstleute die Treue.

Ende 1103 oder Anfang 1104 kam die Markgräfin nieder und schenkte einem Knaben das Leben. Das war ein schwerer Schlag für Konrad und seinen Bruder Dedo. Blieb der Knabe am Leben, hatte er gar Nachkommen, war es um die Erbschaftsaussichten endgültig geschehen.

Fast zur gleichen Zeit wie die Markgräfin hatte die Frau ihres Kochs eine Tochter geboren. Dieser zufällige Umstand sollte Folgen haben. Denn bald flüsterte man in den Gängen und Kammern des Eilenburger Schlosses, Gertrud habe in Wirklichkeit gar keinen Sohn, sondern ein Mädchen zur Welt gebracht. Der Knabe, der in ihrer Wiege liege, sei untergeschoben und eigentlich der Sohn des markgräflichen Kochs. Diesen Wechsel habe die Markgräfin aus Haß inszeniert, um das Erbe ihres Gemahls nicht an die Grafen Konrad und Dedo fallen zu lassen. Bald schallte es durchs ganze Land: »Markgräfin Gertrud hat ein Mädchen geboren. Der Knabe, den sie bei sich pflegt, ist der Sohn ihres Kochs«. Dieses neue schändliche Gerücht fand noch mehr Glauben als das erste. Selbst im Haushalt der Markgräfin-Witwe gab es Leute, die bestochen oder leichtgläubig genug waren, um das unsinnige Märchen vom Austausch der Säuglinge für bare Münze zu nehmen. Eines Morgens stand eine große Ofengabel vor der Tür des Gemaches, in dem die Markgräfin schlief. Ein eindeutiger Hinweis, denn die Ofengabel galt als Zeichen der Köche und Bäcker. Die heimlichen Mahner wurden immer dreister. Bald fand Gertrud eine in Lumpen gepackte Strohpuppe auf ihrem Bett, das Symbol für einen Wechselbalg. Endlich wurde einer ihrer Diener auf frischer Tat ertappt. Er leugnete jedoch hartnäckig, anders als aus eignem Antrieb gehandelt zu haben. Die Markgräfin ließ ihn schimpflich davonjagen. Sie war fest überzeugt, daß Graf Konrad den Mann gekauft hatte.

Für ihren Sohn führte sie bis zu ihrem Tod 1117 die Regentschaft. Der kleine Heinrich, immer sorgfältig bewacht, um vor Anschlägen sicher zu sein, sog den Haß gegen seinen Verwandten Konrad sozusagen schon mit der Muttermilch ein, und je mehr er heranwuchs, desto fester schlug dieses Gefühl Wurzeln in seinem Herzen. Wenige Jahre nach dem Hinscheiden der Mutter, im Alter von zwanzig Jahren, übernahm Heinrich die Herrschaft über die Marken Meißen und Niederlausitz sowie die Grafschaft Eilenburg. Jetzt kam es bald zum ersten ernsthafteren Zwischenfall. Heldolf, ein Lehnsmann des Grafen Konrad, trat eines Tages in die Peterskirche von Eilenburg, schritt zum Altar, auf den er seine Hand legte und beteuerte, er wolle nicht gesunden Leibes bleiben, wenn Heinrich der Jüngere nicht bei seiner Geburt ausgetauscht worden sei. Als man dem jungen Markgrafen diese Äußerung hinterbrachte, hieß dieser mehreren Reisigen, zu Pferde zu steigen und den Verleumder aufzugreifen. Heldolf wurde gefangen und zum Markgrafen gebracht, der ihn im Gesicht verstümmeln ließ, damit er seine Strafe stets bei sich trage.

Der Fuchsturm bei Jena.
Steindruckzeichnung 1830.

Konrad, dem man mitteilte, was sein Vetter dem Heldolf angetan hatte, wandte sich nur brüsk ab und sagte: »Eines Kochs Sohn ist niemals mein Vetter!« Diese und andere Worte hinterbrachte man Heinrich II. von Eilenburg, dessen Haß nur um so bitterer wurde. Er werde den nach seinem Land lüsternen Fuchs schon noch in die Schranken weisen, rief er mehrfach aus.

Einmal besuchte der junge, stattliche Mann eine Versammlung von Rittern, bei der auch Graf Konrad zugegen war. Einer der Anwesenden, der über die Familienverhältnisse nicht so genau Bescheid wußte, näherte sich Letzterem und sprach lobend über Heinrich. Konrad rümpfte die Nase und antwortete laut, daß jeder im Saal es hören konnte: »Ihr meint doch nicht etwa den Wechselbalg?« Da trat Heinrich auf seinen Widersacher zu und forderte Genugtuung. Die Feindschaft der zwei Männer entbrannte nun zu einer schlimmen Fehde. Im Verlaufe eines der vielen Scharmützel standen sich die Beiden schließlich Auge in Auge gegenüber. Heinrich, jünger, stärker und geschickter, warf den verhaßten Widersacher gleich beim ersten Anrennen mit seiner Lanze aus dem Sattel. Er brachte ihn als Gefangenen auf die als uneinnehmbar geltende Feste Kirchberg. Das war im Jahr 1123. Aus Eisenstangen ließ Heinrich einen engen Käfig schmieden. In diesen wurde Konrad gesperrt und streng bewacht. Einige behaupten sogar, man habe den Käfig am Turm aufgehängt, damit Fliegen und anderes Ungeziefer den Gefangenen plagen konnten.

Nach endlos langen Wochen in dem grausamen Käfig bemerkte Graf Konrad plötzlich Trauer in den Gesichtern seiner Bewacher. Er erfuhr von ihnen, daß sein Vetter Heinrich gestorben war. »Dann bin ich euer Herr«, rief er drohend, »und verdammt sei jeder von euch, der mich noch länger in diesem Käfig schmachten läßt«. Die Knechte erschraken über diese Worte, und da sie Konrad fürchteten, ließen sie ihn frei.

Heinrich II. von Eilenburg hatte keine Kinder. Konrads Bruder Dedo IV. starb im Dezember 1124 auf einer Pilgerreise ins Heilige Land. Graf Konrad war nun der einzige männliche Sproß des wettinischen Hauses. Er beerbte seinen Bruder und erhielt auch die Eigengüter seines Vetters. Die Marken Meißen und Niederlausitz galten allerdings als erledigte Reichslehen. Kaiser Heinrich V. zog beide ein und verlieh sie dem Grafen Wibrecht von Groitzsch.

Konrad gab seine Ansprüche jedoch nicht auf. Er schloß sich Herzog Lothar von Sachsen an, der in Opposition zum Kaiser stand. Von Lothar unterstützt, verdrängte er den Anhänger des Kaisers aus der Mark Meißen. Als der Herzog von Sachsen 1125 schließlich zum deutschen König gewählt wurde, erkannte er Konrad als Markgrafen von Meißen an. Voller Triumph zog der neue Markgraf auf der Burg zu Meißen ein. Er sollte als Neubegründer der wettinischen Macht zwischen Saale und Elbe in die Geschichte eingehen.

EIN LANDGRAFENSOHN ALS RAUBRITTER

Das hoch über dem kleinen Städtchen Waltershausen gelegene Schloß Tenneberg hatte im Laufe seiner langen Geschichte viele Herren.

Im späten 13. Jahrhundert gelangte die damals an der Stelle des Schlosses stehende Burg in die Hände des Landgrafensohnes Apitz, der dem Kloster Reinhardsbrunn und dessen Hintersassen zuweilen übel mitspielten. Apitz stammte aus der Liebesbeziehung zwischen Landgraf Albrecht dem Entarteten und der schönen Kunigunde von Eisenberg, der Tochter eines osterländischen Ritters. In jungen Jahren hatte der Landgraf sie in Eisenberg kennengelernt, wo er sich damals zuweilen aufhielt. Als die Beziehung enger wurde, holte Albrecht die Geliebte an seinen Hof und gesellte sie den Damen der Landgräfin Margarete zu. Albrecht, der nie ein wärmeres Gefühl für seine Gemahlin empfand, wandte sich völlig von ihr ab, als Kunigunde ihm einen Sohn gebar.

Nachdem Margarete in Frankfurt am Main gestorben war, heiratete der Landgraf seine Geliebte. Während der Trauungszeremonie soll Kunigunde ihren Sohn Apitz, der damals schon zwölf oder dreizehn Jahre alt gewesen sein dürfte, unter ihrem Mantel verborgen gehalten haben, um auf diese Weise das im Ehebruch gezeugte Kind nachträglich zu legitimieren. Sie hätte damit eine Möglichkeit ge-

Waltershausen und Tenneberg.
Stahlstich um 1840.

nutzt, die zu jener Zeit durchaus gebräuchlich war; die sogenannten Mantelkinder galten innerhalb der Familie den ehelichen Abkömmlingen als gleichgestellt.

Vieles spricht jedoch dafür, daß dies bei Apitz nicht zutraf. Als Mantelkind hätte er dieselben Rechte wie seine legitimen Halbbrüder gehabt und wäre öfter zu Beurkundungen und anderen Regierungsgeschäften herangezogen worden. Offiziell wurde er im Jahre 1290 legitimiert, so daß die Geschichte vom Mantelkind wahrscheinlich eine Sage ist.

Apitz lebte zunächst am Hofe des Landgrafen, seines Vaters. 1286 starb seine Mutter und wurde in der Eisenacher Katharinenkirche beigesetzt. Albrecht heiratete erneut, dieses Mal die Witwe des letzten Grafen von Lodeburg-Arnshaugk. Um seinem Sohn

Apitz die Gründung eines eigenen Hausstandes zu ermöglichen, überließ ihm Albrecht zunächst Teile der Mitgift seiner dritten Frau, darunter Triptis. Dort wohnte Apitz einige Monate. Dann erhielt er von seinem Vater im Tausch gegen Triptis die Herrschaft Tenneberg mit Waltershausen, die eigentlich zum Leibgedinge der Landgräfinnen gehörte, und mehrere Burgen an der Werra, darunter auch die Brandenburg. Um 1300 nennt sich Apitz in einer Urkunde Graf von Tenneberg.

Auf Burg Tenneberg richtete er sich einen eigenen Hofstaat ein, dem etliche verrufene Gesellen angehörten, darunter die Ritter Ludwig von Hörselgau und Hellmann von Hain sowie der Jäger Friedrich Gyz. Friedrich Gyz hatte eine Zeitlang dem Abt von Reinhardsbrunn gedient, war nachher aber Burgvogt auf Tenneberg geworden. Apitz übernahm ihn und die übrigen Dienstmannen der Burg in sein Gefolge.

Gyz und dessen Kumpane übten keinen guten Einfluß auf den neuen Schloßherrn aus. Sie brüsteten sich vor ihm mit vollbrachten Waffentaten und Plünderungen. Während lärmender nächtlicher Gelage zog Gyz mit Zoten und Witzen über die behäbigen, im Reichtum lebenden Mönche des Klosters Reinhardsbrunn her und über die dumpfen Bauern in den Dörfern, denen man leicht das Fell über die Ohren ziehen könne. Es dauerte nicht lange, und Apitz bekam Lust, die Mönche und die Bauern nach Art des Friedrich Gyz zu schröpfen. Mit einer Meute übermütiger Reiter brach er eines Tages zum ersten

Mal in das benachbarte Reinhardsbrunner Gebiet ein, jagte durch die Dörfer, trieb Viehherden weg, trampelte das noch auf dem Halm stehende Getreide nieder, plünderte Weinkeller und Scheuern aus. Die Beschwerden des Abtes, dessen Mahnungen, daß das Kloster immer unter dem besonderen Schutz des Landesherrn gestanden habe, wies Apitz hohnlachend zurück. Er glaubte, als Sohn des Landgrafen niemanden Rechenschaft schuldig zu sein.

Die Einwohner der Ortschaften rings um die Burg Tenneberg waren von nun an auf der Hut. Als Apitz wieder einmal mit seinen Gesellen über die Dörfer Friedrichroda und Ernstroda herfiel und gerade das Vieh mehrerer Bauern zusammentrieb, griffen wuterfüllte Dorfbewohner, verstärkt durch Mönche aus dem Kloster Reinhardsbrunn, die Räuber mit

Ehemalige Klosteranlage Reinhardsbrunn.
Lithographie 1870.

Dreschflegeln, Knütteln und Spießen an. Die Bauern schlugen kräftig drein und holten manchen der großmäuligen Knappen aus dem Sattel. Selbst die von Gyz als fett und träge verspotteten Mönche wußten sich ihrer Haut zu wehren und setzten den Eindringlingen heftig zu. Einer der Laienbrüder traktierte Apitz derart mit einer Heugabel, daß er ihn durchbohrt hätte, wenn nicht ein anderer Mönch, der den Prinzen im letzten Augenblick erkannte, dazwischen gegangen wäre. Schließlich mußten die Möchtegernhelden von Tenneberg gedemütigt abziehen. Die Bauern erhielten ihr Vieh zurück.

Eigenartig wirkt Apitz' weiteres Verhalten. Er sah kein Unrecht in seinem Handeln. Mönche und Bauern auszuplündern und zu drangsalieren galt in seinen Kreisen nicht als unehrenhaft, sondern wie die Jagd als ein adliges Vergnügen. Schuldig gemacht hatten sich seiner Ansicht nach die Leute des Klosters, als sie ihn angriffen. Daher ritt Apitz spornstreichs auf die Wartburg zu seinem Vater, bei dem er sich beklagte, daß er von den Reinhardsbrunner Mönchen beinahe ermordet worden wäre. Der Landgraf, welcher an einen harmlosen Streich seines Lieblingssohnes glaubte, geriet in jähe Wut. Dem zufällig anwesenden Vogt der Burg Grimmenstein in Gotha, Heinrich von Mylau, erteilte er den Befehl, sich nach Reinhardsbrunn zu begeben und die Schuldigen zu bestrafen.

Der Vogt war jedoch durch einen seiner Söhne, der als Mönch in Reinhardsbrunn lebte, über das wahre Geschehen besser unterrichtet als der erzürnte Landgraf. Nach Gotha zurückgekehrt, sandte er heimlich einen Boten zum Abt des Klosters, teilte ihm die Sachlage mit und riet, die an dem unseligen Kampf Beteiligten in Sicherheit zu bringen.

In Reinhardsbrunn befolgte man natürlich den gutgemeinten Rat. Die vom Herrn von Mylau zum Schein durchgeführte Strafexpedition fand weder etwas zum Mitnehmen, noch die gesuchten Schuldigen. Der Vogt erstattete dem Landgrafen Bericht und bedauerte, zu spät gekommen zu sein. Doch Albrechts Zorn war noch nicht verraucht. Er gab dem Herrn von Mylau zwanzig gut bewaffnete Reisige mit und schickte ihn abermals nach Reinhards-

Renaissanceschloß Tenneberg.
Holzschnitt um 1860.

brunn. Zwei Wochen zog dieser Trupp durch Wälder und Berge, ohne von den gesuchten Übeltätern eine Spur zu finden. Schließlich kam ein Vergleich zwischen den Mönchen und dem Landgrafen zustande: Die Reinhardsbrunner erklärten sich bereit, ein Bußgeld von dreieinhalb Mark Silber zu zahlen, womit die Sache für den stets geldbedürftigen Albrecht abgetan war.

Daß er vom Landgrafen keinen Schutz vor weiteren Räubereien der Tenneberger Burgbesatzung zu erwarten brauchte, war dem Abt Marquard von Reinhardsbrunn nun endgültig klar geworden. Er wandte sich daher an Landgraf Albrechts Sohn Friedrich den Freidigen. Friedrich nahm sich der Reinhardsbrunner an und drohte seinem Halbbruder, er werde ihn von Tenneberg verjagen, wenn er keine Ruhe geben wolle. Apitz änderte nun notgedrungen sein Verhalten, denn mit Friedrich, das wußte er, war nicht gut Kirschen essen. Als 1296 Apitz' Gemahlin starb, wurde diese im Kloster Reinhardsbrunn beigesetzt. Ihrem Seelenheil zuliebe vermachte der Landgrafensohn den Mönchen ein stattliches Gut in Waltershausen. Zuvor schon hatte er dem Kloster großzügig Abgaben erlassen und sich in einer Urkunde dazu verpflichtet, die Mönche unter seinen persönlichen Schutz zu nehmen. Dies waren Früchte des geschickten Verhaltens des Abtes Marquard. Der Abt, wohl bedenkend, daß Friedrich der Freidige nicht immer ein wachsames Auge auf Tenneberg und seine Bewohner haben könne, hatte sich bei Apitz mit einem Geschenk von fünfundzwanzig

Mark Silber und mit reichlich Lob über die Großmut der Landgrafen einzuschmeicheln verstanden.

Möglich, daß Marquards Einfluß im Laufe der Zeit Apitz' Gewissen weckte oder wenigstens die Furcht vor dem Augenblick, da er vor seinen himmlischen Richter würde treten müssen. Jedenfalls wird berichtet, daß Apitz sich auch gegen das Kreuzkloster in Gotha mehrfach »liebreich« erwiesen habe. Und dem kleinen Wilhelmiterkloster beim Dorf Weißenborn, am Fuße der Burg Scharfenberg, schenkte er nicht nur das Patronatsrecht über die Kirche zu Farrenroda, sondern von seinen Einkünften in Teutleben jährlich zwei Erfurter Malter Fruchtzins dazu.

Von Zeit zu Zeit ging Apitz' ungezügeltes Temperament jedoch immer wieder einmal durch. Er hielt sich jetzt aber vorsichtshalber an in Thüringen gelegene Pfründe des Klosters Fulda, dessen Hilferufe hier kaum ein Ohr erreichten. Die Verwüstungen, die er mit seinen Männern regelmäßig auf Fuldaer Klosterbesitz anrichtete, müssen beträchtlich gewesen sein. Nachdem er um 1305 gestorben war, versprach Landgraf Albrecht dem Abt von Fulda, für die dem Kloster von seinem Sohn zugefügten Schäden Ersatz zu leisten.

DER PANTOFFEL
DER KATHARINA VON HESSBERG

Die beiden Söhne Friedrichs des Streitbaren, des ersten sächsischen Kurfürsten aus wettinischem Haus, regierten nach dem Tod ihres Vaters anfangs gemeinsam. 1445 drängte der jüngere der beiden Brüder, Herzog Wilhelm III., auf Teilung des ererbten Territoriums. Er erhielt nach einigen Unstimmigkeiten schließlich die Landgrafschaft Thüringen und den fränkischen Besitz der Wettiner. Die Mark Meißen und das Herzogtum Sachsen blieben mit der Kurwürde bei dem älteren Bruder Friedrich.

Wilhelm als der Herr Thüringens nahm seinen Wohnsitz auf dem festen Schloß Hornstein in Weimar. Daß er ein Mann war, der sich Respekt zu verschaffen wußte, läßt ein geflügeltes Wort ahnen, welches behauptete, ganz Thüringen habe gezittert, wenn Herzog Wilhelm gewappnet und gespornt über den Weimarer Schloßhof geschritten sei.

Bald sollte aus der Länderteilung großer Unfrieden hervorgehen; beide Brüder glaubten, bei der Teilung übervorteilt worden zu sein. Zudem hetzten Herzog Wilhelms Räte, die Viztume Apel und Busso von Roßla, Friedrich von Witzleben und andere, die ihren Vorteil aus der Zerstrittenheit der zwei Brüder zu ziehen hofften, mit bösen Nachreden und Verleumdungen gegen Kurfürst Friedrich. Der Kurfürst verlangte die Entlassung der Verleumder. Herzog

Wilhelm mochte sich jedoch nicht von seinen Ratgebern trennen, die ein tiefes Mißtrauen gegen den Bruder in ihm erregt hatten. Der Kurfürst ließ daraufhin die Güter der Viztume von Roßla im Harzvorland verheeren und nur dem Dazwischentreten des Markgrafen Albrecht von Brandenburg war es zu verdanken, daß der offene Krieg für dieses Mal abgewendet werden konnte.

Herzog Wilhelm widmete sich indessen den Vorbereitungen zur Hochzeit mit der Tochter Kaiser Albrechts II., mit der er sich 1439 in Preßburg verlobt hatte. Das Fest fand unter großem Aufwand in Jena statt. Als Wilhelm mit seinen Gästen beim Hochzeitsmahl saß, brachten Boten die Nachricht, sein Bruder rüste gegen ihn und habe in Leipzig die Landstände zur Hilfe für den Kriegsfall aufgefordert. Wilhelm brach die Feier ab und eilte nach Weißenfels, um von dort aus für alle Fälle die Verteidigung zu organisieren.

Kurfürst Friedrich verlangte abermals die Entlassung der verleumderischen Räte, was der Herzog erneut verweigerte. Da schritt Friedrich zur Tat.

Der nunmehr ausbrechende sogenannte sächsische Bruderkrieg brachte unermeßliches Leid über weite Landstriche Thüringens. Zahlreiche Dörfer und Burgen im Saaletal und im Vogtland wurden gebrandschatzt und zerstört. Die Stadt Gera sank in Schutt und Asche. Über Jahre zogen sich die Friedensverhandlungen hin, bevor ein von beiden Seiten anerkannter Abschluß vereinbart werden konnte. Herzog Wilhelm trennte sich schließlich doch von seinen eigennützigen Ratgebern.

Der Bruderkrieg hatte dem Herzog ein verwüstetes Land und Schulden hinterlassen. Wilhelm verwandte viel Energie auf das Ordnen der inneren Verhältnisse Thüringens. Er erließ eine Reihe nützlicher Gesetze, welche die Gerichtsbarkeit, Maß und Münze betrafen. Mit großem Eifer ging er gegen Sittenverfall und Prachtliebe vor. Nach den schlimmen Jahren der Pestepidemien und verheerenden Kriege wollte, wer die Mittel dazu hatte, das Leben genießen. »Unbändige Zechgelage waren auf den Burgen und bei den vielen Speerrennen, große Gastereien und Prunksucht in den Städten gemein«, erzählt ein Zeitgenosse. »Der Bürger gab bei häuslichen Festen, Hochzeiten und Kindtaufen Mahlzeiten, wo er an Pracht und Reichtum der Gefäße, Trinkgeschirre, Tafeltücher, an Köstlichkeit ausländischer Weine, an Menge und Mannigfaltigkeit einheimischer und fremder Speisen nicht nur den fürstlichen Hof nachahmte, sondern es ihm zuvortat«. Der Kleiderluxus nahm ebenfalls überhand; nicht nur Adlige, sondern auch wohlhabende Bürgerliche hüllten sich in Samt und Seide. Das Haar reicher Bürgerfrauen war mit golddurchwobenen Bändern durchflochten, Perlen und anderes Geschmeide schmückte ihren Hals und ihre Hände. Die Männer trugen silberne Gürtel und Bänder mit silbernen Schellen, teure Pelze, Stiefel aus weichem Leder und federgeschmückte Barette. Wilhelm III. erließ mehrmals strenge Gesetze gegen Verschwendung und Sittenverderbnis. Danach konnten Unzucht, Vollsaufen, Glücksspiel und unregelmäßiger Besuch des Gottesdienstes mit Strafen belegt werden. Wucherer, Betrüger und Müßiggänger sollten aus dem Lande gewiesen werden, besondere Kleiderordnungen den Kleiderluxus eindämmen.

In seinen Sittenverordnungen berief sich der Herzog auf die Predigten des berühmten Paters Johann von Capestran, Mönch des Barfüßerordens. Auf dem Jenaer Markt hatte der Pater in Anwesenheit Wilhelms und vor einer großen Menschenmenge eine Probe seiner Beredsamkeit abgelegt, indem er gegen die verruchte Sittenlosigkeit, die Buhlerei, die Spielwut und den gottlosen Kleiderluxus predigte. Krieg, Mißwachs, Teuerung und Pest seien Strafen des Himmels, und es würden schlimmere kommen, wenn der Mensch sich nicht zum Besseren besinne. Das war eindrucksvoll gesprochen! Herzog Wilhelm hatte den Prediger mit allen Ehren behandelt und ihm erlaubt, in Thüringen seine Botschaft zu verkünden.

Aber während der Fürst dem Volk Wasser predigen ließ, trank er selbst heimlich Wein. Mit seinen Freunden und Vertrauten feierte er glänzende Feste. Bei der Landesteilung von 1445 war unter anderem die Burg Ranis im Orlagau, die Graf Günther XXVIII. von Schwarzburg 1389 an die Wettiner verkauft hatte, Herzog Wilhelm zugesprochen worden. Der Herzog hielt oft auf der entlegenen Burg Hof. Man sagt nicht zu Unrecht, jene Zeit sei die glanzvollste von Ranis gewesen. Wilhelm ließ den Palas erweitern und fürstlich einrichten. Unterhalb der Burg wurde eine freie Fläche zum Turnierplatz umgewandelt, wo die Höflinge des Herzogs und die Adligen aus der Umgebung ihre Kräfte und Geschicklichkeit im ritterlichen Spiel maßen.

Zu den Turnieren und den anderen Vergnügungen des Herzogs stellte sich auch der Ritter Heinrich von Brandenstein ein. Die Brandensteiner waren alteingesessene Landadlige und Lehnsleute der Wettiner; sie wohnten auf dem der Burg Ranis benachbarten Schloß gleichen Namens.

Heinrich war nicht allein, wenn er von Brandenstein nach Ranis herübergeritten kam. Erst gelegentlich, dann immer häufiger, begleitete ihn seine Schwester Katharina, die wie eine antike Göttin zu

Burg Ranis.
Lithographie um 1850.

Pferde saß. Katharina war die Tochter des Ritters Eberhard von Brandenstein-Roßla und hatte sehr jung den fränkischen Ritter von Heßberg geheiratet. Inzwischen war sie verwitwet und lebte bei ihrem Bruder auf Brandenstein. Es wird berichtet, daß sie als junges Mädchen ihrem Vater mit ihrem unruhigen Temperament manch schwere Stunde bereitete. Böse Zungen behaupteten, ihren Gemahl habe sie durch ihre Aufsässigkeit vorzeitig ins Grab gebracht.

Katharina war nicht nur schön von Angesicht, sondern auch lebenslustig und über die Maßen ehrgeizig. Doch machte dieser Ehrgeiz sie nicht blind und taub. Sie verband mit ihm eine gehörige Portion weiblicher Schlauheit. Bald hatte sie bemerkt, daß Herzog Wilhelm ihr mehr als gewöhnliches Interesse entgegenbrachte. Die Sage erzählt, er sei in Liebe zu ihr entflammt, als sie eines Tages vor seinen Augen ein seidenes Strumpfband verloren habe. Katharina schätzte Wilhelm richtig ein. Man sagte von seiner Frau Anna, der Kaisertochter, daß diese willfährig und still wäre, daß der Herzog sie langweilig finde, sich deshalb nicht viel um sie kümmere. Katharina war weder willfährig noch still; sie lockte den fürstlichen Falter an wie eine herrliche Blüte, und wenn er von dem betäubenden Duft in Taumel versetzt war, dann ließ sie ihn schmachten. Tiefer und tiefer verstrickte sich der Herzog in ihre Netze, seine Begehrlichkeit wuchs zu einem verzehrenden Feuer. Es kam schließlich wie es kommen mußte: Katharina wurde Herzog Wilhelms Geliebte.

Nun sah man den Herzog noch viel häufiger in

Ranis. Hatte er vorher zuweilen seine Gemahlin mitgebracht, so kam er jetzt stets allein. Streit und Verstimmung in der Ehe des Fürstenpaares begannen sich zu häufen. Katharina, schon ein gewisses Ziel vor Augen, schürte klug und listig die wachsende Abneigung ihres Geliebten gegen Anna. Sie spottete nicht nur über die steife, kühle Habsburgerin, sondern tat in der Liebe auch Dinge, die der frommen und keuschen Anna nie in den Sinn gekommen wären. Freilich fiel der Herzogin auf, daß ihr Gemahl kaum noch in Weimar oder Jena weilte, sondern sich unter verschiedenen Ausflüchten und Vorwänden immer wieder nach Ranis verabschiedete. Auch erzählte man sich unter den Höflingen von den herrlichen Festen auf der Burg, von Tänzen, Gelagen und Turnieren, und es klang dabei wohl mit an, daß Wilhelm dies alles einer Frau zuliebe tue. Tief beunruhigt entschloß sich Anna eines Tages, selbst zu sehen, was der Herzog in Ranis trieb. Für alle Anwesenden unerwartet traf sie auf der Burg ein. Ohne sich von dem aufgeregten Dienstpersonal aufhalten zu lassen, drang sie in die Gemächer Wilhelms vor und überraschte ihn beim traulichen Flirt mit seiner Mätresse. Als der Herzog seine Frau erblickte und zugleich das feine, spöttische Lächeln um die Mundwinkel der Geliebten wahrnahm, brauste er zornig auf. Voller Wut griff er das lederne Pantöffelchen Katharinas und warf es Anna unter Schmähungen an den Kopf. Tränenüberströmt verließ diese die Burg.

Von jetzt an herrschte eine eisige Atmosphäre zwischen den beiden Eheleuten. Wilhelm konnte es seiner Frau nicht verzeihen, daß sie ihm nachgereist war. Anna mochte die entehrende Szene auf Ranis nicht vergessen. Der Herzog wies seiner Frau schließlich die Burg Eckardtsberga zum Wohnsitz an, wo sie wie eine Verbannte lebte und an einem kalten, stürmischen Novembertag 1462 elend und verlassen starb.

Während der Zeit, da seine Frau Anna einsam in Eckardtsberga saß, feierte und liebte der Herzog auf Burg Ranis. Katharina hatte den Fürsten so sehr in ihren Bann geschlagen, daß er kaum noch einen Gedanken an seine unglückliche Gemahlin verschwendete. Die schöne Witwe kommandierte unumschränkt auf der Feste, und Wilhelm, den man den Tapferen nannte, lag ihr zu Füßen. Sieben Monate nach dem Tod seiner Frau heiratete er die gerissene Verführerin. Das Hochzeitsfest fand wie weiland das mit der Kaisertochter in Jena statt und wurde nicht weniger prächtig ausgestattet.

Die Herrschaft Ranis schenkte der Herzog auf Betreiben Katharinas ihrem Bruder, dem Ritter Heinrich von Brandenstein. So kam die Burg 1463 mit den zu ihr gehörenden Dörfern, Weilern, Höfen, Vorwerken, Schäfereien, Äckern, Wiesen, Weiden, Weingärten, Wäldern an die Herren von Brandenstein. Die Schenkung widersprach zwar den Hausgesetzen der Wettiner, aber Wilhelm, immer seine neue Frau im Nacken, ertrotzte die Einwilligung seiner Neffen, des Kurfürsten Ernst und des Herzogs Albrecht. In einer Urkunde vom Jahre 1465 stimmten beide Fürsten dem Schenkungsakt schließlich zu.

In seinen letzten Lebensjahren hatte Herzog Wilhelm offenbar nicht mehr viel zu lachen. Katharina nahm ihren Gemahl immer fester an die Kandare und beherrschte ihn völlig. Als sie bemerkte, daß seine Kräfte nachließen und man mit allem rechnen mußte, erwirkte sie 1481 von ihm eine Erneuerung der Schenkung an ihren Bruder.

Wilhelm III. von Sachsen starb 1482 in Weimar. Katharina überlebte ihn um zehn Jahre und genoß das ihr ausgesetzte Wittum unbehelligt bis zu ihrem Tode. Sie verschied am 2. November 1492 in Saalfeld.

Zwischen Holzhausen und Wandersleben, im hügeligen Vorland des Thüringer Waldes, liegen nahe beieinander drei isolierte Bergkegel, von denen zwei die Ruinen der Mühlburg und der Gleichenburg tragen, auf dem dritten thront die Wachsenburg. Bekannt sind die drei Berge mit ihren Gemäuern als die *drei Gleichen*, obwohl sie weder eine gleiche Geschichte durchgemacht haben, noch irgendwann den gleichen Besitzer hatten. Die Legende erzählt allerdings, daß am 31. Mai 1230 »ein so grausames Wetterleuchten, Donnern und Blitzen war, davon die Türme auf den Häusern Wachsenburg, Mühlberg und Gleichen entzündet worden und zugleich auf einmal brannten«.

Die älteste der drei Burgen ist zweifellos die Mühlburg, die bereits 704 in einer Schenkungsurkunde des thüringisch-fränkischen Herzogs Heden II. erwähnt wird. Der Berg mit dem *castello Mulenberge* war damals durch fünf Wälle gesichert. Die heute noch in der Vorburg befindlichen Überreste einer Radegundiskapelle – geweiht der heiligen Radegunde, der von den siegreichen Franken verschleppten thüringischen Königstochter – deuten außer jener Urkunde auf ein hohes Alter der Burganlage hin. Um 1130 schenkten der Pfalzgraf Wilhelm bei Rhein und seine Mutter die Burg Gleichen

Die drei Gleichen.
Kupferstich 1802.

und die Burg Mühlberg dem Erzbischof Adalbert I. von Mainz. Auf der Burg saßen nun als Mainzer Vasallen die Grafen von Mühlberg. Nach dem Tod Meinhards III., des letzten Grafen von Mühlberg, fiel die Burg als erledigtes Lehen an Mainz zurück und wurde in den folgenden Jahrzehnten wiederholt verpfändet. In der ersten Hälfte des 14. Jahrhunderts erhielten auf diese Weise die Grafen von Henneberg-Schleusingen ein Viertel, die Grafen von Schwarzburg ein Viertel, der Rest blieb bei Mainz. Zwischen 1351 und 1362 erwarb das reiche Erfurt sowohl die Mainzer Hälfte als auch die beiden Viertel der Henneberger und Schwarzburger. Die Erfurter fanden eine kleine, aber feste Burganlage vor. Sie bauten dieselbe zu einem starken Bollwerk mit mächtigem Bergfried und eckigem Torturm aus. Das Kommando erhielt ein adliger Schloßhauptmann, der Wächter, Reisige und Schützen zu unterhalten hatte, wofür ihm die Stadt Erfurt jährlich 30 Pfund Pfennige gab sowie Reiter und Schützen einzukleiden versprach.

Die der Mühlburg gegenüberliegende Burg Gleichen tritt viel später als ihre Nachbarin ins Licht der Geschichte: 1088 wurde sie von Kaiser Heinrich IV. vier Monate lang vergeblich belagert. 1130 übertrugen die Mainzer Erzbischöfe Burg Gleichen den Grafen von Tonna zu Lehen. Ernst II. von Tonna nannte sich 1162 erstmals Graf von Gleichen. Die Grafen von Gleichen zählten im 12. und 13. Jahrhundert zu den einflußreichsten Dynastengeschlechtern Thüringens; wiederholt standen sie zu den Thüringer Landgrafen in Opposition. Als erzbischöfliche Gefolgsleute und Vögte des Erfurter Petersklosters konnten sie sich das leisten. Wenn Lambert II., Graf von Gleichen und Advocatus zu Erfurt, durch das Lauentor in die Stadt Erfurt einritt, mußte ihm die Ratsherren Knappendienste leisten und das Pferd führen. Der aufwendige, an fürstlichen Vorbildern ausgerichtete Lebensstil zwang die stolzen Grafen jedoch bald, Geld bei der Erfurter Bürgerschaft zu borgen. Als Schuldner der Stadt gerieten sie immer mehr in Abhängigkeit vom Rat und mußten schließlich ein Herrschaftsrecht nach dem anderen an denselben abtreten.

Von 1378 bis 1455 hielt die jüngere Linie der Grafen von Gleichen auf der gleichnamigen Burg Hof. 1441 wird Graf Sigmund I. als Burgherr genannt. Er war ein Riese von Wuchs und verfügte über große Körperkräfte, von denen er gern Proben gab, um die

Leute einzuschüchtern und sich bestaunen zu lassen. Die Bauern nannten ihn den *Thüringer Teufel.* Jedermann in den Dörfern fürchtete seine Kraft und Gewalttätigkeit. Zum Glück war Sigmund oft nicht zu Hause, trieb sich mit fremden Kriegsvölkern umher, diente erst dem Bischof von Eichstädt, dann dem Kurfürsten Friedrich von Sachsen, um bald darauf in brandenburgischen und oettingischen Diensten zu stehen. Schließlich trat er auch noch beim Pfalzgraf Philipp bei Rhein unter die Fahne. Zwischendurch kehrte er auf seine heimische Burg zurück, um sich hier von den Strapazen der Feldzüge bei Wein und Jagd oder in den Armen einer schönen Frau auszuruhen. Selten hielt er es jedoch längere Zeit auf der Burg aus, und die Bauersleute der Um-

Ruine der Burg Gleichen.
Holzschnitt um 1860.

gebung mögen jedesmal aufgeatmet haben, wenn sie ihn mit seinen Knechten und Reisigen wieder von dannen reiten sahen.

Während der Abwesenheit des Grafen verwaltete ein von ihm eingesetzter Amtmann die Burg, die Güter und die Einkünfte. Zu jener Zeit, als sich Kurfürst Friedrich der Sanftmütige und Herzog Wilhelm der Tapfere im Bruderkrieg bitter bekämpften, war ein gewisser Heinrich von Utinrode Amtmann auf Burg Gleichen. Wie sein Herr, Graf Sigmund, hielt auch Heinrich von Utinrode während des Bruderkrieges zu Herzog Wilhelm.

Der Rat von Erfurt, Gebieter über die Mühlburg, versuchte in dem unseligen Bruderzwist neutral zu bleiben, war er doch beiden fürstlichen Brüdern durch Schutzbündnisse verpflichtet. Zwar gelang es den Erfurtern auf diese Weise den Krieg von ihrer Stadt fern zu halten, aber um die Sicherheit der Landstraßen war es trotzdem arg bestellt. Und gerade Erfurt, das vom Fernhandel lebte, mußte das Zunehmen des Räuberunwesens hart treffen.

Zwei der übelsten Raubgesellen waren Heyne vom Stein und Lips von Herde; beide stammten aus der Eisenacher Gegend. Lips von Herde und sein Anhang hatten schon 1436 Erfurter Kaufleute ausgeraubt und Erfurter Dörfer gebrandschatzt. Es ist bezeichnend für die damaligen Verhältnisse, daß eine Stadt wie Erfurt sich genötigt sah, mit dem Räuberhauptmann Lips einen Vergleich zu schließen, um einigermaßen Schonung zu erfahren. Der Vertrag hielt jedoch kaum ein halbes Jahr.

Kaum war nach wenigen Monaten Frieden 1448 die Flamme des Bruderkrieges erneut emporgeflackert, stieg auch Lips wieder in den Sattel, und ein von ihm an den Erfurter Rat gerichteter Fehdebrief verriet, was der Stadt bevorstand. Es dauerte nicht lange, da trafen die ersten Klagen ausgeraubter Kaufleute ein. Der löbliche Rat wußte sich nicht anders zu helfen, als daß er einen gewissen Bockelberger für tausend Gulden in Dienste nahm, diesen auftrug, das Vertrauen des Räuberhauptmanns zu gewinnen und ihn zu beseitigen. So kam man jedoch einem Lips von Herde nicht bei. Die Sache flog auf und Lips verbreitete überall, was der Erfurter Rat unter ehrlicher Fehde verstehe. Natürlich stritten die Ratsherren alles ab: Sie hatten einen Bockelberger nie gekannt. Niemand glaubte ihnen. Für Lips taten sich nun die Tore der Burgen im ganzen Land auf. Bald in Hessen, bald im Hennebergischen, bald in Thüringen war er unterwegs, und überall hatte er es bevorzugt auf die Wagenkolonnen der Erfurter Pfeffersäcke abgesehen. Der Rat wandte sich an den Landgrafen von Hessen und den Grafen von Henneberg und bat um Hilfe. Aber weder der eine noch der andere Dynast wollten Erfurt unterstützen. Im Gegenteil, sie waren erbittert, weil die Erfurter bei der Verfolgung von Räubern schon mehrfach Schäden in beiden Ländern angerichtet hatten.

Indessen überfiel Lips am hellichten Tage mitten in Ilmenau mehrere reiche Erfurter Kaufherren, plünderte sie aus, fütterte seine Pferde in aller Seelenruhe in einem Ilmenauer Gasthof und verschwand mit seiner Bande so plötzlich wie er aufgetaucht war. Nun wandten sich die Erfurter mit Bittgesuchen an Herzog Wilhelm von Weimar und den Erzbischof Dietrich I. von Mainz. Beide antworteten ausweichend. Lips überfiel nun das Dorf Mühlberg unweit der festen Erfurter Burg gleichen Namens, raubte sämtliche Pferde und schleppte Männer als Geisel fort. Sich so nahe an die mit Geschütz wohl bestückte Erfurter Feste heranzuwagen und gewissermaßen unter den Augen der dortigen Besatzung ein Erfurter Dorf auszuplündern, das war ein unglaublicher, ein gewagter Streich.

Lips hatte indessen mehr als fünfzig Männer um sich geschart, und täglich stießen neue Feinde Erfurts hinzu. Er war der unbestrittene Herr der Landstraßen in Thüringen, zumal er sich hoher Protektion erfreute. Es kam nämlich bald ans Licht, daß er mit seinen Mannen auf der festen Burg Gleichen heimlich Unterschlupf gefunden hatte und meist von dort aus seine Streifzüge unternahm. Der Vogt Heinrich von Utinrode hatte ihm Quartier gewährt, und Graf Sigmund von Gleichen hatte es gebilligt.

Nun wurde dem Erfurter Rat manches klar: Warum alles Nachforschen und Verfolgen bisher vergeblich gewesen, warum der Räuber so plötzlich auftauchte und wieder verschwand, warum er den Angriff auf Mühlberg hatte wagen können. Und noch etwas wurde dem Rat klar: Solange Graf Sigmund seine Hand über Lips und dessen Gesellen hielt, war denen nicht beizukommen. Also wandte sich die Stadt nun gegen die beiden Brüder Sigmund und Adolf von Gleichen und erklärte ihnen am 7. Juli 1450 förmlich den Krieg.

Eine bessere Nachricht hätte man Sigmund, dieser unruhigen, kriegerischen Seele, nicht überbringen können. Jetzt brauchte er sich persönlich nicht mehr zurückzuhalten, jetzt konnte er selbst zu Pferd steigen und das Schwert aus der Scheide ziehen. Denn nun konnte er jederzeit darauf verweisen, daß die anderen angefangen hatten! Ein wenig Sorge bereitete ihm freilich das Bündnis, welches der Erfurter Rat gewissermaßen als Rückendeckung mit dem Kurfürsten Friedrich den Sanftmütigen in Molsdorf abgeschlossen hatte. Und der Kurfürst, das wußte Sigmund, war auf die beiden Gleichenbrüder nie gut zu sprechen gewesen.

Bald nach dem 7. Juli 1450 begann Graf Sigmund von Gleichen im Verein mit Lips von Herde und dessen Männern das Sengen und Brennen in den Erfurter Dörfern. Aber auch die Erfurter blieben ihren Gegnern nichts schuldig. Sie überfielen Wechmar, Ingersleben, Sülzenbrücken und weitere gleichensche Orte. Im Gegenzug verwüstete Sigmund mit seinen Rotten ohne jede Zurückhaltung Frienstedt, Nottleben, die Bienstedter und die Offhäuser Warte.

Kurfürst Friedrich, mit Erfurt verbündet, belagerte indessen die Burg Gleichen, in der sich der Vogt Utinrode und eine Anzahl bäuerlicher Untertanen befanden, die man als eine Art gleichensche Landwehr eilig zu den Waffen gerufen hatte. Diese Besatzung hielt sich aber wacker und schlug alle Angriffe ab. Derweil war Sigmund von einem seiner

Kriegszüge gegen Erfurt zurückgekehrt und konnte nicht in sein Nest hinein. Er legte sich in der Nähe auf die Lauer und beobachtete das Geschehen. Kurfürst Friedrich hatte zu wenig Geduld, um eine längere Belagerung abzuwarten. Seine Leute zerstörten zwanzig gleichensche Dörfer in der Umgebung, ohne daß der Graf es hindern konnte. Dann zog Friedrich mit seinem Heer ab.

Jetzt schaltete sich Herzog Wilhelm III. von Sachsen ein und vermittelte zwischen seinem Anhänger, dem Grafen von Gleichen, und den Erfurtern einen Waffenstillstand, der vom 15. bis zum 30. August dauern sollte. Der Graf verproviantierte sofort seine Burg, auf der während der Belagerung die Lebensmittel knapp geworden waren. Und kaum hatte er alles wieder in Kampfbereitschaft versetzt, führte er die Fehde fort, ohne auf den Waffenstillstand zu achten. Lips von Herde brach von der Burg Gleichen zu neuen Räubereien auf. Er überfiel abermals Mühlberg und räumte aus, was ihm beim ersten Überfall entgangen war. Sogleich wandten sich die Erfurter an Herzog Wilhelm, der Graf von Gleichen habe den Waffenstillstand gebrochen. Der Herzog antwortete, das könne nicht sein; der Graf »sei in seinen Diensten, die Stadt brauche nichts zu besorgen«.

Nun griffen auch die Erfurter erbost wieder zu den Waffen. Sie stürmten zum zweiten Mal Ingersleben, das Graf Sigmund neu befestigt hatte. Vieh und erbeutete Lebensmittel brachten die Erfurter auf ihre Feste Mühlberg. Unterwegs stießen sie auf

Die drei Gleichen.
Stahlstich um 1840.

Reiter, und einer wollte Lips von Herde erkannt haben. Die Erfurter waren in der Überzahl. Sie nahmen die Verfolgung auf, trieben die Räuber auf den Kirchhof zu Apfelstedt, wo diese sich im wehrhaften Kirchturm verschanzten. Die Erfurter holten unverzüglich Verstärkung. 500 bewaffnete Bürger machten sich sogleich auf den Weg, um Lips nicht entkommen zu lassen. Der Kirchturm wurde gestürmt, die Überlebenden gefangen genommen. Lips von Herde war nicht darunter. Entweder war er nicht bei den Reitern gewesen, oder er hatte sich mit einer seiner tausend Listen absetzen können. Jedenfalls traf er wenig später gesund und munter auf Burg Gleichen ein. Zuvor hatte er einen Mühlberger Einwohner, der sich zu weit aus seinem Ort herausgewagt hatte, nebst Pferd gefangen genommen.

Das alles geschah während des vereinbarten Waffenstillstandes. Und wie zum Hohn verlängerte man denselben noch bis zum 31. Oktober. Was den Grafen Sigmund nicht abhielt, Ulla bei Weimar zweimal zu plündern und die Einwohner von Berlstedt wegzuschleppen. Die Gefangenen wurden auf die Burg Gleichen getrieben, wo sie einen Eid schwören mußten, auf Verlangen den sogenannten Fanggulden zu geben. Dann ließ man sie frei, weil Herzog Wilhelm es so verlangt hatte.

Im Januar des Jahres 1451 wurde der Streit zwischen Kurfürst Friedrich dem Sanftmütigen und Herzog Wilhelm dem Tapferen endgültig beigelegt. Es herrschte wieder Frieden im Land. Graf Sigmund von Gleichen und Lips von Herde mit ihren Männern führten die einträgliche Fehde gegen Erfurt jedoch unbeirrt fort. Kurz vor Ostern 1451 erbeuteten der Graf und seine Helfershelfer einen ganzen Erfurter Warenzug, der aus vier großen Wagen Nürnberger Kaufmannswaren bestand. Die Wagen enthielten: »Nürnberger braun Tuch mit Zwillich eingeschlagen«, zwei Fässer mit Kümmel, 7 Zentner Hirse, 37 Kartenspiele, vier Fässer Malmesyrer Wein aus Neapel, zwei Fässer teuren süßen Südwein, 6 Lagen Spiegelglas, dazu Fässer mit Kreuz- und Widerhaken, Muskat, Nelken, grobe Matten, 1 Faß Butter, 1 Säckchen mit Ingwer.

Wo der hünenhafte Sigmund zusammen mit Lips von Herde und dessen Männern auftauchte, bekreuzigten sich die Leute und suchten das Weite. Das Treiben des Thüringer Teufels und seiner Gehilfen wäre wohl noch lange so weitergegangen, wäre nicht Herzog Wilhelm selbst dadurch in große Gefahr geraten. Am 21. April 1451 wollte er von Weimar nach Reinhardsbrunn reisen. Mittags erreichte er den Fuß des Burgberges von Gleichen, wo ein Hohlweg, der sogenannte *Hain*, entlangführte. Kaum hatte der Herzog mit seinem Gefolge den Hohlweg passiert, als von der Mühlburg das Alarmhorn erklang. Alsbald donnerten die Büchsen auf der Burg, und durch die Luft sausten Geschosse heran. Zu allem Überfluß preschte auch noch eine Schar bewaffneter Reiter von Mühlberg her auf die Herzoglichen los. Unter wüstem Geschrei kam es zum Handgemenge. Erst als sich der Herzog zu erkennen gab, sanken die Waffen. Es stellte sich heraus, daß der Erfurter Befehlshaber auf der Mühlburg, Hermann von Greußen, den Herzog mit seinem Gefolge für eine angreifende Schar Plünderer gehalten hatte. Der Rat von Erfurt entschuldigte sich vielmals bei Wilhelm.

Nun schritt der Herzog energisch zur Befriedung des Landes. Er lud die Erfurter zu einer Besprechung nach Weimar ein. Diese sagten erfreut zu, wenn man ihnen nur sicheres Geleit stellen wolle. Weniger zugänglich zeigten sich Sigmund und Adolf von Gleichen. Die Erfurter mußten sich, trotz sie unsäglichen Schaden erlitten hatten, den Friedenswillen des Thüringer Teufels und seines Bruders teuer erkaufen. Erst als sie Adolf von Gleichen auf 12 Jahre das Schloß Vargula mit allen Einkünften überließen und 400 Gulden dazu und Sigmund jährlich 12 Jahre lang 600 Gulden zu geben versprachen, willigten die Brüder ein, Frieden zu halten. Am 5. Mai 1451 wurde in Vacha der Vertrag unterzeichnet, welcher der Fehde zwischen den Grafen von Gleichen und der Stadt Erfurt ein Ende setzte.

Dennoch machte Sigmund seinem Beinamen auch weiterhin alle Ehre. Da es die Erfurter mit der Zahlung der versprochenen Gelder offenbar nicht so genau nahmen, revanchierte sich der Graf auf seine Weise. Die Erfurter verkauften 1472 aus ihren Forst im Tambuch einen Baumstamm an Hans Franke von Dietharz. Graf Sigmund, der davon gehört hatte, behauptete, der Stamm gehöre ihm und ließ ihn pfänden. Als 1475 Erfurter Wagenknechte an der Burg Gleichen vorbeikamen, pfändete ihnen der Graf die Wagenketten. So kam es immer wieder zu kleinen Zwischenfällen und Reibereien. Ruhe kehrte erst ein, nachdem Graf Sigmund 1494 gestorben war. Wie ein frommer Mann, dem alle Ehre gebürt, wurde er im Erfurter Peterskloster beigesetzt.

Während der Belagerung der Wartburg im Jahre 1306 hatte sich gezeigt, daß die Südflanke der Burg für entschlossene Angreifer eine leicht verwundbare Stelle war. Den Norden schützte damals der starke Torturm, im Osten und Westen hielten steile Felsen die Feinde ab. Von Süden her drohte jedoch zu jener Zeit die Eisenacher Burg, und der Wartburgberg senkte sich hier weniger steil dem Tal zu als östlich und westlich.

Landgraf Friedrich der Freidige ließ deshalb die Burgmauer an dieser Stelle abreißen und zwanzig Meter südlich wieder aufbauen. In der Südwestecke wurde ein Turm errichtet, der die schwache südliche Flanke schützen sollte. Dieser massive, sehr fest und sorgfältig gefügte Turm, dessen Eingang im oberen Stockwerk anfangs nur über Leitern erreicht werden konnte, ist der einzige Turm der Wartburg, der aus dem Mittelalter erhalten geblieben ist.

Er enthielt ein Burgverließ, einen tief in den Felsen getriebenen lichtlosen und feuchten Schacht. 1925 entdeckte man in der Mauer des Verließes mühselig von Menschenhand in den Stein gegrabene Buchstaben, die zusammen den Namen *Erbe* ergaben. Wer war der Gefangene, der sich hier unten in Finsternis und Einsamkeit auf solche Weise verewigt hatte?

Wenige Jahre nach dem Ende des Bauernkrieges erhoben auch in Thüringen die Wiedertäufer ihre Stimme und bildeten kämpferische Gemeinden. Schon die Zwickauer Propheten in Wittenberg, die zwei Tuchmacher Storch und Thomas, der Schullehrer Stubner und der Student Cellarius hatten ge-

Ansicht der Wartburg im späten Mittelalter. Holzschnitt um 1880.

predigt, daß die Kirche ganz von Gottlosen gereinigt werden müsse. Jedermann müsse sich für das neue Gottesreich taufen lassen, denn die Kindstaufe sei ein nichtiges, wertloses Zeremoniell, das nichts mit wahrer Frömmigkeit zu tun habe. Die Forderung nach der Spät- oder Wiedertaufe ging zweifellos von der Einsicht aus, daß sich nur der reife, erwachsene Mensch bewußt für einen Glauben entscheiden kann. Alles Äußerliche, auch das Abendmahl, verwarfen die Wiedertäufer. Sie lehnten aber nicht nur die Riten der Kirchen ab, sondern wandten sich auch gegen die weltliche Obrigkeit, die sie als einen »Bund Pilati wider Christum« bezeichneten. Nicht der Obrigkeit sei der Christ zu Diensten und Ehrerbietung verpflichtet, sondern Gott allein.

1528 entstand das Gerücht, die Wiedertäufer wollten sich der Stadt Erfurt bemächtigen. Sogleich setzte eine Welle von Verhaftungen ein. Dennoch breitete sich die Bewegung weiter aus, und 1529 beschäftigte sich notgedrungen der Reichstag zu Speyer mit dem Problem, der die unbequemen Abweichler als Ketzer verdammte.

Zu den thüringischen Wiedertäufern bekannte sich der wohlhabende Bauer Fritz Erbe aus Herda an der Werra, einem Dorf unweit von Eisenach. Er war ein Mann von Grundsätzen, der an seiner Denkweise unerschütterlich festhielt. Bei seinen Nachbarn stand der in hohem Ansehen. Ende September 1531 wurde er plötzlich verhaftet. Man brachte ihn nach Eisenach und setzte ihn dort gefangen. Doch schon nach vier Monaten ließen ihn die kurfürstlich sächsischen Richter wieder laufen, weil er sich während der Haft ruhig und unauffällig verhalten hatte. Die Richter nahmen wohl an, Erbe werden sich nach dieser Verwarnung von den Wiedertäufern abwenden. Doch der Bauer dachte nicht daran, seine Überzeugung zu verleugnen. Im Gegenteil, er nahm die Wiedertäuferin Marianne Koch in sein Haus auf und weigerte sich, sein neugeborenes Kind taufen zu lassen. Er wurde erneut verhaftet und abermals nach Eisenach gebracht.

Die Eisenacher Richter forderten von der Theologischen Fakultät zu Wittenberg ein Gutachten darüber an, was mit Fritz Erbe zu geschehen habe. Die Wittenberger bestimmten die Todesstrafe für den Ketzer. Kurfürst Johann Friedrich bestätigte dieses Urteil, doch Landgraf Philipp der Gute von Hesssen war anderer Meinung. Er glaubte, der Gefangene werde sich bekehren, wenn man ihm genug Zeit gebe. Deshalb schlug er vor, den Bauern so lange im Gefängnis zu behalten, bis er widerrufe, und sollte er das doch nicht tun, dann könne man ihn immer noch aus dem Land weisen. Kurfürst Johann Friedrich der Großmütige hielt den Wiedertäufer Fritz Erbe jedoch nicht für einen Verirrten, der Zeit zum Bekehren brauchte, sondern für einen gefährlichen Rebellen, der die ganze Schwere des Gesetzes erfahren sollte.

Der langwierige Streit der zwei Fürsten über das weitere Schicksal des gefangenen Wiedertäufers rettete Erbe das Leben. Doch dafür brachte er seine Tage um so schwerer hin. Er lag in einem Turm der

Stadtmauer in strenger Haft. Tag für Tag mußte er, dem man das Wittenberger Todesurteil bereits verkündet hatte, damit rechnen, zum Scheiterhaufen geschleppt zu werden. Warum die Wochen und Monate vergingen, ohne daß man ihn als Ketzer richtete, ahnte er nicht. Trotz aller Qual blieb er seiner Überzeugung treu. Ein demütiges Wort, ein wenig Heuchelei, hätten ihn Freiheit setzen könne, hätten ihn der Welt zurückgegeben.

So verfloß die Zeit. Das alte Jahr neigte sich dem Ende zu, das neue brach an. Immer noch saß der Gefangene im Turm der Stadtmauer.

Im neuen Jahr sorgte eine Nachricht auch in Thüringen für Aufregung. In Münster hatten die Wiedertäufer ihr lange schon verkündetes Gottesreich errichtet. Der Rat der Stadt hatte die freie Ausübung des neuen Ritus zugestehen müssen. Alle, die diesem nicht beiwohnen wollten, wurden aus der Stadt vertrieben. Die Bildwerke in den Kirchen hatte man verbrannt, ja selbst Kirchtürme waren niedergerissen worden. Boten und Flugblätter forderten alle Gläubige auf, bewaffnet und mit ihren Familien nach Münster, dem neuen Jerusalem, zu ziehen. In Eisenach verdoppelte man die Wachen vor dem Gefängnis Fritz Erbes.

Nach einjähriger Belagerung durch den Fürstbischof Franz von Waldeck wurden im Mai 1535 die Wiedertäufer von Münster schließlich überwältigt und ihre Bewegung grausam niedergeschlagen. Landgraf Philipp von Hessen, der sich schon für Fritz Erbe eingesetzt hatte, bewies auch für den Propheten der Wiedertäufer von Münster, Johann von

Leyden, großes Interesse. Der Fürst schickte zwei Seelsorger, die Johanns Seele retten sollten. Dieser wiederrief jedoch nicht und wurde hingerichtet.

Auch Fritz Erbe blieb standhaft. Sieben Jahre vergingen, ohne daß er in seinem Glauben wankend wurde. Oftmals traten Geistliche, auch Richter und andere Beamten, in sein enges, düsteres Gelaß, verlangten Widerruf, drohten, versprachen, versuchten zu überreden – doch vergebens. Der Gefangene fühlte die Bedeutung, die seiner Person zukam: Er war Beispiel für die Wiedertäufergemeinde, Vorbild für die Schwachen, die Ängstlichen, die Zweifelnden. Man hatte ihn zum Märtyrer wider Willen gemacht, indem man ihn in den Stadtturm sperrte – gut, nun sollten die Richter und die Herren Geistlichen einen Märtyrer haben! Erbe war in seinem Heimatort längst zum Fanal geworden; die Hälfte der dort lebenden Erwachsenen ging zur Taufe. Aber nicht nur in Herda war Fritz Erbe inzwischen bekannt, durch ganz Westthüringen ging die Kunde von dem Gefangenen im Turm zu Eisenach. Schon begannen viele in ihm den Propheten zu sehen, auf den sie im stillen warteten, den Propheten der gottgewollten Neuordnung der Welt. Und sie sprachen untereinander: »Wenn er mit Gottes Wort überwunden werden könnte, brauchte man ihn nicht so lange gefangen zu halten«. Diese Überzeugung gewann unter der armen Bevölkerung immer mehr Anhänger. Die Willkür der Obrigkeit, die einen Menschen wegen seines Glaubens jahrelang im Kerker gefangen hielt, weckte Zweifel daran, ob eine solche Obrigkeit von Gott gewollt war?

Immer wieder schlichen Erbes Anhänger zum Turm, um ein Wort des Häftlings zu erhaschen, um ihm Mut zu zuzusprechen, um sich gegenseitig im Glauben zu stärken. Auch Neugierige kamen. In einer Novembernacht des Jahres 1537 nahm die Wache zwei Männer vor dem Turm fest, die in ein Gespräch mit dem Bauern aus Herda vertieft gewesen waren. Man verhörte die Beiden unter der Folter und verurteilte sie als Aufrührer und Gotteslästerer zum Tode.

Wenn die Oberen gehofft hatte, dies Exempel werde abschreckend wirken, so hatten sie sich getäuscht. Die Zahl der Gläubigen, die zum Turm Fritz Erbes wie zu einem Wallfahrtsort pilgerten, nahm ständig zu. 1539 wurden abermals drei Männer am Turm verhaftet. Hatten sich die ersten heimlichen Besucher nur im Schutz der Dunkelheit hergewagt, oder dann, wenn Regen oder Schneegestöber die Posten in ihr Wachlokal getrieben hatten, so kamen die Leute jetzt schon am hellichten Tage. Es waren ihrer nicht mehr nur zwei oder drei, sondern ganz Trupps. Schon drohten sie, wenn man sie aufhalten wollte, schon forderten sie unmißverständlich, zu dem Gefangenen eingelassen zu werden.

Der Eisenacher Stadtrat, verantwortlich für die sichere Unterbringung Erbes, bekam es mit der Angst zu tun. Was, wenn sich noch mehr Menschen einfanden, wenn sie eines Tages Waffen mitbrachten? Wenn sie den Turm stürmten, wie gedroht worden war? Wie leicht konnte von hier aus ein neues Feuer lodern über Thüringen! Die Stadtväter wandten sich mit aller schuldigen Ehrfurcht an den Kurfürsten und ersuchten ihn, den Erbe »auf einen andern Ort,

Ansicht der Wartburg von Süden zu Luthers Zeit. Lithographie 1861.

allda zu ihm nit zu kommen wäre« zu verlegen. Johann Friedrich hatte die Bauernunruhen von 1525 noch nicht vergessen. Einen neuen Thomas Müntzer konnte er nicht brauchen.

An einem Sommertag 1540 traten Büttel in Erbes Gelaß. Vor der halboffenen Tür Bewaffnete. War es jetzt zu Ende? Erbe erhob sich gefaßt von seiner Lagerstatt. Er war grau und krank geworden in all den Jahren hier im Turm. Man legte ihm Ketten an.

Unter starker Bedeckung schaffte man den Gefangenen hinauf zur Wartburg. So hatte es der Kurfürst angeordnet. Doch Fritz Erbe sollte nicht die Vorzüge Luthers genießen, der neunzehn Jahre zuvor in einer der Kavalierskammern untergebracht war, am Tisch des Burghauptmanns gespeist hatte, auch ausreiten und die Ritter auf der Jagd begleiten durfte.

Fritz Erbe als Rebell wider Kirche und Obrigkeit wurde in das finstere Verließ des Südturmes geworfen. Zehn Meter tief, drei Meter unter dem Turmfundament, liegt das winzige Felsengemach, das ihn als Unterkunft für den Rest seines Lebens dienen sollte. Nachdem man ihm die Ketten abgenommen hatte, wurde er an einem Seil durch die kleine Öffnung, welche der einzige Zugang zu seinem Kerker war, in die Tiefe gelassen. Unten umgaben ihn rauhes Felsgestein, Finsternis, Kälte, Nässe, Einsamkeit.

Seit kurzer Zeit war Eberhard von der Tann Kastellan auf der Wartburg. Er war ein überzeugter

Gegner der Wiedertäufer und daher dem Gefangenen zunächst nicht wohlgesonnen. Aber selbst er empfand Mitgefühl für den durch die lange Haft in Eisenach zwar körperlich geschwächten, aber ungebrochenen Mann, dessen früh gealtertes Gesicht und graues, dünnes Haar die durchgemachten Leiden ahnen ließen. Die feste Haltung Erbes nötigte dem Kastellan Achtung ab. Bald bestätigte er ihm, einen guten Wandel geführt und »allewege billigen Gehorsam gehalten« zu haben. Er setzte sich beim Kurfürsten für Erbe ein, erwirkte, daß man noch einmal den Versuch unternahm, ihn zum Widerruf zu bewegen. Fritz Erbe wurde in eine Zelle des Eisenacher Barfüßerkloster gebracht; hier fanden die Dispute über Glauben und Wiedertaufe statt. Vier Wochen lang versuchte man, den alten, kranken Gefangenen zum Aufgeben zu bewegen. Er blieb jedoch seiner Auffassung treu, für die er so viel gelitten hatte – und er war bereit, für sie weitere Entbehrungen auf sich zu nehmen. Als unverbesserlich wurde er wieder ins Verließ auf der Wartburg gesperrt. Vergessen von der Welt, darbte der Gefangene Woche um Woche, Monat um Monat in dem steinernen Gelaß dahin.

An einem Juniabend 1544 zog ein schweres Gewitter über Eisenach auf. Pechschwarz war der Himmel, aus dem das Wetterleuchten über dem Burgberg flammte. Gegen zehn Uhr abends schlug der Blitz im Südturm ein. Feuerschein drang bis in das finstere Felsenloch, in dem Fritz Erbe hauste. Schon loderten die Flammen am Dachstuhl hoch.

Die Burgbesatzung saß in ihren Unterkünften, niemand bemerkte die Gefahr. Der Gefangene schrie, schlug Alarm. Man wurde aufmerksam, sah die Rauchwolke über dem Turm. Wie schnell konnten fliegende Funken die ganze Burg in Brand setzen? Mit Eimern eilte jedermann zur Zisterne. Die Warnung des Gefangenen war noch rechtzeitig gekommen, das Feuer wurde gelöscht.

Zum Dank ließ der Kastellan für Fritz Erbe eine hölzerne Pritsche bauen. So war der alte, kranke Mann wenigstens vor der schlimmsten Nässe geschützt.

1548 starb Fritz Erbe in seinem Kerker. Fünfzehn Jahre hatte er hinter Gefängnismauern zugebracht, davon acht Jahre im Felsenverließ auf der Wartburg. Unterhalb der Burg, unweit der ehemaligen Elisabethkapelle, wurde er begraben. Was von ihm blieb und von seiner Leidenszeit bis heute kündet, ist sein Namenszug in der Felsenwand des Burgverließes, mühselig mit einem Scherben in das harte Gestein gekratzt.

EIN FALSCHER BARBAROSSA AUF BURG KYFFHAUSEN

Lange Zeit lag die einst mächtige Reichsburg Kyffhausen auf dem Kyffhäusergebirge in Schutt und Trümmern, verdeckt von Gesträuch und Wald. Schon Johann Rothe bezeichnete Anfang des 15. Jahrhunderts in seiner *Düringischen Chronik* Kyffhausen als einen wüsten Platz. Und spätere Geschichtsschreiber erzählen, daß allerlei lichtscheue Gestalten – Räuber, Schatzgräber, Landstreicher – sich in der Ruine breitgemacht hatten. Johann Rothe berichtet, 1433 habe eine Wallfahrt des Volkes nach Kyffhausen eingesetzt, weil dort an einem Kreuz Wunder geschehen seien. Auf dem Berg befand sich noch die aus dem 12. Jahrhundert stammende Burgkapelle in der Unterburg. Diese wurde nun im Auftrag des Erzbischofs von Mainz umgebaut und neu geweiht, um den Wunderglauben des Volkes in kirchliche Bahnen zu lenken. Allen denen, die die Kapelle besuchen würden, erteilte der Erzbischof einen Ablaß auf vierzig Tage.

Wie kein zweiter Ort in Thüringen war der Kyffhäuserberg von Sagen und wundersamen Geschichten umgeben. Es waren Sagen und Geschichten, in denen die Hoffnung des Volkes auf Wiederkehr des Kaisers Friedrich lebte, des gerechten Herrschers, der ein neues Reich aufrichten und die vielen kleinen Tyrannen strafen würde. Bereits in der Mitte des

Ruine der Oberburg Kyffhausen.
Holzschnitt um 1880.

14. Jahrhunderts berichtet Johann von Winterthur, daß Leute jedes Standes an die Wiederkehr des Kaiser Friedrich glaubten. Gemeint war zunächst der vom Papst verketzerte Kaiser Friedrich II., nach dessem Tod 1250 die Macht der Stauferdynastie zusammengebrochen war. Erst später gingen die Wunschvorstellungen des Volkes und mit ihnen die Sagen auf Friedrichs Ahn Barbarossa über. Johann Rothe schreibt in seiner Chronik über Kaiser Friedrich II.: »Von diesem Kaiser Friedrich, dem Ketzer, erhob sich eine neue Ketzerei, die immer noch heimlich unter den Christen ist«.

Die Leute glaubten ernsthaft, daß der Kaiser Friedrich noch lebte und daß er am Leben bleiben werde bis zum Jüngsten Tag. Sie glaubten, um mit Johann Rothe zu sprechen, »daß er wandere zu Kyffhausen in Thüringen auf dem wüsten Schloß und auch auf anderen wüsten Burgen, die zum Reich gehören, und rede mit den Leuten und lasse sich zuzeiten sehen«. Johann Rothe war überzeugt, daß dies nur ein Teufelsspuk sein könne, der die Einfältigen unter den Christen irre führen solle. »Man meinet wohl«, setzt er hinzu, »daß vor dem Jüngsten Tag der Christenheit ein mächtiger Kaiser erstehen werde, der Frieden mache unter den Fürsten und der dann eine Meerfahrt unternehme, um das Heilige Grab zu gewinnen, und den werde man Friedrich heißen, um des Friedens willen, den er errichtet habe«.

Schon 1261 tauchte in Apulien ein Mann auf, der sich für den elf Jahre zuvor verstorbenen, vom Papst gebannten Kaiser Friedrich II. ausgab. Die Leute liefen ihm in Scharen zu, weshalb er bald ein großes Heer um sich versammeln konnte und daran dachte, das staufische Königreich in Italien zurückzuerobern. »Als das die Fürsten und Herren erfuhren«, erzählt Johann Rothe, »da zogen sie wider ihn und bekämpften den Bösewicht und seine Gesellschaft, und er ward erschlagen«. Ein Jahr nach dem Auftauchen des falschen Kaisers Friedrich in Italien erschien der erste falsche Kaiser auch in Deutschland. Man weiß weiter nichts von ihm, als daß er »heimlich hinweggeschafft« wurde.

Der Nächste hieß eigentlich Friedrich Holzstich, wurde aber gewöhnlich Thilo Kolup genannt. Er kam 1285 nach Köln und behauptete, er sei der Kaiser Friedrich, habe bis jetzt die Zeit im Kyffhäuser verbracht, habe aber nun beschlossen, die Regierung wieder zu übernehmen. Rudolf von Habsburg, den deutschen König, forderte er auf, die Krone freiwillig niederzulegen, zu ihm zu kommen und ihm den Treueid zu schwören. Dieser Thilo Kolup muß ein meisterhafter Schauspieler gewesen sein, der genauso auftrat, wie man es von dem rückkehrenden Erretterkaiser erwartete. Jedenfalls glaubten ihm viele Leute. Selbst der Herzog Heinrich von Braunschweig, die Söhne Landgraf Albrechts von Thüringen, der Markgraf von Meißen und andere traten auf seine Seite, wenn auch wahrscheinlich nur aus Berechnung. Aber das zeigt doch immerhin das Aufsehen, welches dieser Mensch erregte und den Erfolg, der ihm in weiten Kreisen der Bevölkerung beschieden war. Kolup hielt zu Wetzlar einen glänzenden Hof. Mittel dazu gaben ihm zahlreiche Spenden, mit denen er nach dem Willen der Spender sein besseres Kaisertum geltend machen sollte.

Jetzt erkannte Rudolf von Habsburg, daß die Sache, die er bisher belächelt hatte, eine gefährliche Wendung zu nehmen drohte. Kolup, der an Rudolfs Hof als Narr verlacht worden war, mußte ernst genommen werden. Rudolf sammelte schleunigst ein Heer, zog vor Wetzlar, belagerte die Stadt und erzwang die Auslieferung des falschen Kaiser. Der wurde peinlich befragt und bekannte, er habe sich für Barbarossa ausgegeben, weil man ihn, als er den Kyffhäuserberg besuchte, für den Kaiser gehalten habe. Kolup wurde zu Neuß hingerichtet.

Allgemeines Aufsehen erregte ein ähnliches Ereignis aus dem Jahre 1546. Reformation und Bauernkrieg hatten Thüringen erschüttert; die Wiedertäuferbewegung war wie ein Nachhall dieser großen Ereignisse durch das Land gegangen, und das armselig vegetierende Volk hatte wieder einmal seine Hoffnung auf bessere Lebensumstände begraben müssen.

Schon Ende des Jahres 1545 war Hirten und Bauern, die ihre Viehherden auf den Kyffhäuserberg trieben, zuweilen ein phantastisch gekleideter, hochgewachsener und bärtiger Greis aufgefallen, der langsam und majestätisch durch die Ruinen der alten Burg schritt und irgendwo zwischen ihren Trümmern verschwand. Im Februar 1546 bemerkte man Rauch über der Stelle, wo sich die Heiligenkreuzkapelle befand. Mehr als dreihundert Neugierige aus der Umgebung des Kyffhäusers versammelten sich daraufhin und marschierten auf den Berg hinauf, angelockt durch die Gerüchte von dem geheimnisvollen Greis. Vor der Kapelle sahen sie einen Mann am Feuer sitzen, der einen merkwürdigen Eindruck machte. Er hatte ein bleiches Gesicht, sein Haupthaar war grau und wirr und von einer fremdländisch anmutenden Kopfbedeckung bedeckt. Ein langer schwarzer Bart fiel ihm bis auf die Brust herab. Sein Gesicht war sehr hager und schmal. Vor ihm standen zwei Töpfe, in denen er sich Grütze und Tee zubereitet hatte. Ein paar rostige Werkzeuge oder Waffen lagen neben ihm.

Die Menge bildete einen Halbkreis um den seltsa-

Ruine der Heiligenkreuzkapelle auf dem Kyffhäuser.
Lithographie um 1850.

men Fremden. Eine Weile starrten die Leute ihn wortlos an. Dann wagte es einer, vorzutreten und zu fragen: »Wer bist du und weshalb wandelst du hier oben herum?«

Der Greis erhob sich und antwortete in erstem Ton: »Ich bin der Kaiser Friedrich, auf den ihr so lange gewartet habt. Ich bin gekommen, um den Frieden in die Welt zu bringen, denn die Fürsten werden ihn nicht machen«.

Noch maches Wunderbare sprach der Fremde. Seit langer Zeit, so versicherte er den staunenden Zuhörern, habe er mit betrübtem Herzen den jämmerlichen Zustand seiner Untertanen mit angesehen. Nun sei der Tag gekommen, da er in Gottes Namen selbst wieder die Regierung antreten werde.

Das versammelte Volk glaubte nur zu gern diese

Verheißungen und jubelte dem vermeintlichen Kaiser zu. Die Bauer wollten ihn auf ihren Schultern ins Tal hinunter tragen, er aber weigerte sich, ihnen zu folgen. »Ich muß wohl noch eine Zeit hier ausharren«, sprach er. »Denn ich habe Briefe an verschiedene Fürsten geschrieben und sie um Unterstützung gebeten. Ihre Antworten will ich hier im Verborgenen abwarten, damit ich danach um so prächtiger auftreten kann. Auch weiß vom Volk außer euch noch keiner von meinem Vorhaben, und so könnte dieses leicht an der Gottlosigkeit meiner Feinde scheitern, bevor mir kräftige Hilfe zuteil wird«.

Dies leuchteten den Bauern ein. Sie kehrten in ihre Dörfer zurück und begannen für den Kaiser und seine gute Sache Anhänger zu werben. Täglich wuchs die Menschenmenge, die sich auf dem Berg einfand. Die Menschen kamen nicht mit leeren Händen, sondern brachten Brot, Speck, Eier und Getränke für ihren Kaiser mit. Sie huldigten dem Greis als neuem Herrn, versprachen Leib und Leben für die Befreiung der Christenheit und den Anbruch des goldenen Zeitalters einzusetzen.

Die Massenbewegung zum Kyffhäuser konnte der Obrigkeit nicht lange verborgen bleiben. Die Nachricht, Kaiser Friedrich sei zurückgekehrt, verbreitete sich wie ein Lauffeuer in ganz Thüringen und weit über dessen Grenzen hinaus. Manchem Fürsten fuhr der Schrecken in die Glieder. Wenn auch die wenigsten an die Rückkehr Barbarossas glaubten, so erinnerten sich seit Thomas Müntzers Zeit die meisten doch recht gut der Wirkung, die ein einzelner entschlossener Mann auf das Volk ausüben kann. Selbst Luther kam die Sache zu Ohren, und man fragte ihn nach seiner Meinung. »Ich weiß nicht, was ich davon halten soll«, antwortete er ausweichend, »der Teufel hat vordem schon genug Leuten eine Nase gedreht«.

Auch der Landvogt des Grafen von Schwarzburg-Sondershausen, ein Herr von Brüneck, hörte bei seiner Ankunft in Frankenhausen von dem auferstandenen Kaiser Friedrich und der Unruhe, die dieser schon gestiftet hatte. Begleitet von einem Prediger, dem Bürgermeister und den Ratsherren der Stadt begab er sich sogleich auf den Kyffhäuser. Bei der Heiligenkreuzkapelle fanden sie den wunderlichen Greis. Brüneck vermutete, der Fremdling sei ein geistesverwirrter Wiedertäufer. Er forderte daher den Prediger auf, dem Greis fünf Glaubensartikel vorzulegen, auf welche dieser nach seinem Gewissen antworten sollte. Der Alte antwortete so klug und passend, daß seine Rede allgemeine Verwunderung erregte. Nun erklärte der Vogt dem Fremden, er müsse mit nach Frankenhausen kommen, damit man seine Sache untersuche. Der Greis zeigte sich dazu gleich bereit. Als man ihm jedoch die Hände binden wollte, bat er, ihn damit zu verschonen. »Führt mich anständig in die Stadt, Herr, wie einem Kaiser gebührt«, forderte er. Man hörte indessen nicht auf seine Einwände, band ihm eine Art Halfter um und brachte ihn so nach Frankenhausen.

Graf Günther von Schwarzburg, dem der Landvogt Bericht erstattet hatte, ließ den Greis heimlich nach Sondershausen schaffen, wo ganz im stillen eine gerichtliche Untersuchung eingeleitet wurde.

Mit Anbruch der Dunkelheit hatte man den falschen Barbarossa vom Berg Kyffhausen geholt, und am anderen Morgen fand ihn das Volk nicht mehr vor. Die Behörden bewahrten über das Verschwinden des Greises bezeichnenderweise größtes Stillschweigen. Im ganzen Land entstand tiefe Trauer; die Leute redeten sich ein, daß die Antworten auf die abgeschickten Briefe nicht tröstlich gewesen seien und der Kaiser sich deswegen wieder in den Berg begeben habe, um zu einer besseren Zeit erneut zu erscheinen. Jahr für Jahr hofften die Einwohner der Dörfer in Nordthüringen auf seine Wiederkehr und erzählten sich immer neue Geschichten von ihm.

Herzog Albrecht der Beherzte von Sachsen hatte durch Hieronymus Schürstab aus Nürnberg von der Sache erfahren. Er wandte sich an den kurfürstlich sächsischen Kämmerer Hans von Ponikau und bat um Aufklärung. Ponikau schrieb auf Befehl des Kurfürsten Johann Friedrich des Großmütigen an den Grafen von Schwarzburg-Sonderhausen und erhielt von ihm einen ausführlichen Bericht über die Vorfälle auf dem Kyffhäuser. Diesen ließ er dem Herzog Albrecht zukommen. Darin sagt der Graf, die Untersuchung habe ergeben, daß der falsche Barbarossa aus Langensalza stamme, dort habe er einen

Bruder und Freunde. Dem gräflichen Bericht zufolge, war der falsche Barbarossa von Beruf Schneider. Mit dem Rat der Stadt Langensalza geriet er in einen Streit, wurde eingesperrt, nach einigen Wochen aber wieder freigelassen. Er siedelte nun in die Grafschaft Henneberg über, wo er lange lebte, bis er durch einige unüberlegte Äußerungen in den Verdacht geriet, ein Wiedertäufer zu sein. Erneut wurde er eingesperrt. Nach zwei Jahren Haft stellte sich seine Unschuld heraus. 1545 entließ man ihn aus dem Gefängnis, und er wanderte nach Nordthüringen. Nach Langensalza zurückzukehren scheute er sich. Er kam als armer Mann, wußte nicht, ob seine Verwandten und Freunde noch lebten und wie sie ihn aufnehmen würden. Auf dem Kyffhäuser fand er in der Heiligenkreuzkapelle für einige Zeit ein notdürftiges Unterkommen. Als Leute aus der Umgebung auf den Berg kamen, gab er sich als Kaiser Barbarossa aus. Der Graf berichtet weiter, der Landvogt von Brüneck habe »viel Volk bei dem armen Menschen gefunden... es ist aber Gottlob nichts, was sich zu *Aufruhr und Empörung* gezogen, bemerket worden«. Einige Monate hielt man den falschen Barbarossa in Gewahrsam. Nachdem sich die Erregung gelegt hatte, wurde er auf freien Fuß gesetzt. Graf Günther wandte sich mit der Bitte an den Amtmann von Langensalza, dem Alten eine Wohnung zu verschaffen und für sein Auskommen zu sorgen. »So bringt man die Sache am besten aus den Köpfen der Leute«, schließt der Graf seinen Bericht an Albrecht den Beherzten.

WASSERBURG KAPELLENDORF: STABSQUARTIER EINER KATASTROPHE

Im Oktober 1806 spielte sich bei Kapellendorf zwischen Jena und Apolda das letzte tragische Aufbäumen der von Napoleons Truppen besiegten preußischen Armee ab. Die Hauptkräfte der Preußen standen unter dem Herzog von Braunschweig etwa 60000 Mann stark in Weimar und rückten am 13. Oktober in Richtung Auerstedt ab. Das verlassene Lager bezog die preußische Reservearmee unter dem Befehl General Friedrich von Rüchels. Rings um Kapellendorf lag das hohenlohsche Korps mit 45000 Mann in Quartieren und Zeltlagern. Der Stab des Fürsten von Hohenlohe-Ingelfingen hatte sich in der Wasserburg Kapellendorf einquartiert.

Am Nachmittag des 13. Oktobers traf Napoleon in Jena ein. Nur kurz verweilte er im Stadtschloß, um bald zum strategisch wichtigen Apoldaer Steiger aufzubrechen, welchen der Fürst von Hohenlohe leichtfertigerweise nicht hatte besetzen lassen. In der folgenden Nacht zogen die Franzosen ihre Kanonen durch steile Hohlwege auf diese Höhe hinauf, eine Leistung, welche die Preußen für undurchführbar gehalten hatten. Napoleon selbst, eine Fackel in der Hand, leitete die Aktion.

Währenddessen gingen laufend Nachrichten über Truppenbewegungen der Franzosen im hohenlohschen Hauptquartier in der Wasserburg Kapellendorf ein, ohne daß dort jedoch eine Entscheidung gefällt wurde. Die preußischen Generäle fühlten sich in ihren Stellungen sicher; sie glaubten nicht an einen Angriff des Gegners.

Wasserburg Kapellendorf.
Zeichnung um 1980.

Am folgenden Tag, gegen fünf Uhr früh, traf der Major von Egidy aus dem bei Hohlstedt befindlichen sächsischen Hauptquartier ein, um den Tagesbefehl zu erbitten. Hohenlohe hatte gerade seine Nachtruhe beendet. Der Fürst ließ Zezschwitz, den Befehlshaber der Sachsen, ausrichten, er solle seine Truppen in Bereitschaft halten, solle ihnen aber ihre Ruhe zu lassen, da der Feind einen Zusammenstoß mit der preußischen Armee derzeit kaum wagen werde. Hohenlohe ahnte nicht, daß um diese Zeit Napoleon sich bereits anschickte, den Kampf zu eröffnen.

Bald hörte man auch in Kapellendorf den Kanonendonner und das Knattern der Gewehrsalven. Das Getöse der Artillerie schreckte den hohenlohschen Stab auf. Die Offiziere verließen ihre Privatquartiere im Dorf und fanden sich gegen sechs Uhr in der Burg ein, wo der Fürst ihre Meldungen entgegennahm, um dann einen Rapport über die Geschehnisse des Vortrages an den König von Preußen zu diktieren. Etwa um sieben Uhr brach der Stab zum Lagerplatz der Division Grawert auf, geführt von einem ortskundigen Einwohner aus Kapellendorf.

Der Fürst Hohenlohe hatte an die einzelnen Herresabteilungen noch keine Weisungen ausgegeben. Doch bei Closewitz standen die achttausend Männer des Generals Tauentzien schon im Gefecht. Tauentzien und der General Holtzendorff ließen Hohenlohe durch Melder dringend bitten, Aufklärung über die allgemeine Lage zu geben. Gewissermaßen blind standen sie dem Feind gegenüber, hatten weder klaren Befehl, noch wußten sie, was bei den anderen preußischen Heeresabteilungen geschah. Notgedrungen handelten sie auf eigene Faust, und als der Befehl des Fürsten eintraf, Tauentzien möchte sich nach Klein-Romstedt zurückziehen, war es schon zu spät.

General Grawert hatte seinen Truppen befohlen, das Lager abzubrechen. Auch er wußte nichts Bestimmtes über die Absichten des Fürsten Hohenlohe und handelte nach eigenem Gutdünken. Seine Bataillone waren bereits angetreten, die Kavallerie hatte das Lager verlassen, als der Fürst mit seinem Hauptquartier am rechten Flügel der Truppen auftauchte. Hohenlohe beabsichtigte, die Truppen so lange im Lager zu lassen, bis der dichte Morgennebel sich verzogen hatte. Er gab daher Anweisungen, die denen des Generals Grawert widersprachen, Verwirrung stifteten und wertvolle Zeit kosteten. Gegen acht Uhr willigte der Fürst schließlich ein, die Truppen vorrücken zu lassen. Nun war auch er überzeugt, daß es zu einem ernsten Kampf kommen würde. Dem in Weimar stehenden Rüchel ließ er melden: »Ich werde soeben heftig angegriffen und habe die Division Grawert links abmarschieren lassen. Eure Exzellenz bitte ich, mir von den preußischen Truppen zu schicken, was Sie missen können.« Während sich bei Vierzehnheiligen der Entscheidungskampf entspann, versäumte Rüchel jedoch, dem Hilferuf Hohenlohes nachzukommen. Um elf Uhr hätte er zur Stelle sein können. Doch er kam nicht. Währenddessen wurden die preußischen Regimenter im Kugel- und Kartätschenhagel der Truppen Napoleons aufgerieben.

Rüchel war ein Offizier der alten Schule, pedantisch im Dienst, alten Ehr- und Rangvorstellungen verhaftet. Er hielt sich für einen Meisterschüler Friedrichs des Großen. An diesem Vormittag ließ er seine Soldaten antreten wie auf dem Exerzierplatz; die Korporale liefen die Reihen entlang, um Ausrüstungen und Uniformen peinlich genau zu kontrollieren; der Lederschutz mußte auf Hochglanz gebracht, die Knöpfe an den Uniformen blank geputzt werden. Es war mittlerweile zehn Uhr und damit höchste Zeit zum Abmarsch geworden. Rüchel befahl jedoch, daß die Truppen exakt in Reih und Glied zu marschieren hätten. Wo einer der Soldaten aus dem Takt fiel, sauste der Korporalstock auf Schultern und Rücken nieder, als befände man sich beim Exerzieren.

Inzwischen hatte die Sonne den Nebel völlig aufgelöst. Der Himmel leuchtete in klarem, tiefen Blau. Von Osten drang ununterbrochen das dumpfe Rollen einer heftigen Kanonade herüber.

Langsam bewegten sich die Kolonnen der rüchelschen Truppen auf Kapellendorf zu. Erst begegneten ihnen einzelne Flüchtlinge, die in Richtung Weimar hasteten. Ihre Gesichter waren voller Schrecken. »Alles verloren«, stammelten sie, »Hohenlohe ist hin«. Böse Ahnungen begannen sich unter den Soldaten breit zu machen. Damit die Disziplin nicht leide, befahl der General, strenger auf die Einhaltung der Marschordnung zu sehen. Marschgesang sollte die Laune der Soldaten heben.

Aber der Flüchtlingsstrom wurde immer dichter. Bald konnte kein Zweifel mehr an einer Katastrophe bestehen. Rüchel ließ 3000 Mann als Deckung bei Webicht zurück, mit den übrigen 12000 Mann erreichte er nach dreizehn Uhr die Höhen westlich von Kapellendorf. Hier kam ihm der Oberst von Massenbach atemlos entgegen. »Helfen Sie, General! Helfen Sie! Die Schlacht ist so gut wie verloren!« Wenig später kam ein Eilbote vom König aus Auerstedt mit einer ähnlichen Schreckensnachricht. Rüchel fragte Massenbach, wo er dem Fürsten von Hohenlohe am besten beistehen könne. Der Oberst war unsicher. Dann zeigte er auf die Höhen östlich von Kapellendorf und sagte hastig: »Jetzt nur noch dort drüben!«

Der General hätte es besser wissen müssen. Oder hoffte er, mit seinen Reserven die Schlacht noch wenden zu können? Am klügsten wäre gewesen, die westlich von Kapellendorf gelegenen Höhenzüge zu besetzen, hier die zurückweichende Armee Hohenlohes aufzufangen und dann mit den eigenen frischen Truppen den Rückzug nach Weimar zu decken. Rüchel gab jedoch Anweisung, durch das Sulzbachtal auf die östlich von Kapellendorf gelegenen Hügel vorzugehen.

In dem kleinen Ort herrschte das Chaos. Wagen, umgestürzte Kanonen, tote Pferde blockierten die engen Gassen. Verletzte, am Ende ihrer Kräfte, wim-

Kapellendorf um 1850.

merten, schrien um Hilfe. Flüchtlinge, Plünderer, Troßburschen überfluteten den Ort. Kaum war hier noch ein Durchkommen möglich. Oben auf dem Sperlingsberg, über den ehrwürdigen Türmen der Wasserburg, nisteten sich die ersten Scharfschützen des Marschalls Soult ein. Auf dem ansteigenden Gelände nach Großromstedt zu fuhren die Franzosen ihre Artillerie auf.

Diese Vorbereitungen des Gegners hätten Rüchel warnen müssen. Er führte dennoch seine Infanterieregimenter durch den hoffnungslos verstopften

Ort. Nur fünf Bataillone und zwei Geschützbatterien ließ er zwischen Frankendorf und Wiegendorf stehen, zu weit entfernt, um als Reserve im Notfall dienen zu können. Die Ortsdurchquerung gestaltete sich äußerst schwierig. Wagen und Kanonen mußten beiseite geräumt werden. Zugweise, nur immer vier Mann nebeneinander, passierten die Preußen die engen Gassen. Hinter Kapellendorf entfalteten sich die Bataillone neu, bevor sie regimentweise den Hang nach Großromstedt hinaufmarschierten.

Es war mittlerweile halb drei Uhr geworden. Marschmusik und Hurrageschrei aus tausenden Mündern sollten die Soldaten anspornen, während schon erste Kugeln napoleonischer Scharfschützen in ihre Reihen schlugen. Rüchel hatte die Leitung des Angriffs dem Fürsten Hohenlohe anbieten lassen, doch der hatte abgelehnt. Angeblich, um das Verdienst des Generals, den Feind zurückgeworfen zu haben, nicht zu schmälern. In Wirklichkeit war der Fürst durch die Katastrophe von Vierzehnheiligen entnervt; er billigte Rüchels Vorgehen und schickte damit dessen Soldaten sinnlos in den Tod. Die rechte Flanke der Angreifer bildete auf Hohenlohes Befehl hin die von Isserstedt angerückte sächsische Kavallerie.

Auf dem Sperlingsberg hatten sich indessen die Einheiten von Soult, Augereau und Lannes festgesetzt. Im Geschwindschritt marschierten die Preußen den Berg hinauf, bis sie wenige hundert Meter vor den gegnerischen Stellungen von furchtbarem

Artilleriefeuer empfangen wurden. Gleichzeitig umgingen die feindlichen Voltigeure den schwerfälligen Vorstoß der Preußen und feuerten mit ihren weittragenden Gewehren von rechts und links in die wie zur Parade aufmarschierte dichte gegnerische Phalanx. Die preußische Front brach auseinander; ganze Reihen wurden niedergeworfen; statt einer geschlossenen Salve knatterte hilfloses Einzelfeuer aus den zersprengten Bataillonen. Wer noch konnte, ergriff die Flucht. Da half auch die persönliche Tapferkeit Rüchels nichts; er hatte eine Kartätschenkugel in die Brust erhalten und ein Taschentuch in die Wunde gestopft, um bei den Truppen bleiben zu können. Doch diese waren nicht mehr zu halten. Die Reste der ersten Reihen fluteten zurück und rissen die nachfolgenden Bataillone mit sich in den Strudel allgemeiner Auflösung. Jetzt fuhr französische Kavallerie zwischen die Flüchtenden und säbelte wahllos alles nieder. Die preußischen Soldaten warfen Waffen, Tornister, Munition weg, ließen Kanonen und Fourage im Stich. In Kapellendorf drängten sie sich in der Enge der Gassen zu einem verzweifelten Knäuel, dem jeder mit aller Kraft zu entrinnen suchte, um sein nacktes Leben zu retten.

Kaum eine halbe Stunde hatte der Untergang des rüchelschen Reservekorps gedauert. Lediglich die sächsische Reiterei am linken Flügel war der Vernichtung entgangen. Sie hatte einen französischen Kavallerieangriff abgewiesen und zog sich, als die Niederlage der rüchelschen Infanterie offenkundig war, geordnet auf der Straße nach Weimar zurück.

Rüchels ehrgeizige, aber verspätete Anstrengung vermochten den Untergang der preußischen Armee bei Jena nicht aufzuhalten. Eine nachher eingesetzte Kommision, die das Verhalten der am Krieg 1806 beteiligten Offiziere untersuchen sollte, versäumte es, die Ursachen für Rüchels Zuspätkommen aufzudecken. Der General erfreute sich nach wie vor der Gunst König Friedrich Wilhelms III. von Preußen und wurde im Dezember 1806 zum Generalgouverneur von Ostpreußen ernannt.

Es ist seitdem viel gerätselt worden, weshalb der General nicht rechtzeitig zur Stelle war, wo ihm doch durch das andauernde Artilleriefeuer und die Bitte Hohenlohes der Ernst der Lage bewußt sein mußte. Oberst Massenbach behauptete, Rüchel habe die Truppen absichtlich zu spät in Bewegung gesetzt, um sich an Hohenlohe zu rächen, der ihm im Jahre 1794 bei einem kleineren Gefecht nicht zu Hilfe gekommen war. Andere sprachen offen von Verrat. Aber vielleicht spielte hierbei lediglich die altpreußische Pedanterie des Generals eine Rolle, vielleicht auch ein überzüchteter Dünkel, ein Glaube an die Unbesiegbarkeit der preußischen Armee. Aufklären wird die wahren Beweggründe Rüchels wohl niemand mehr.

QUELLENVERZEICHNIS

Duval, C.: Die Bergvesten Kiffhausen und Rothenburg. – Nordhausen o. J.

Hellbach, J. C.: Historische Nachrichten von den Thüringischen Bergschlössern Gleichen, Mühlberg und Wachsenburg. – Erfurt 1802.

Huth, R.: Die Mühlburg. Eine geschichtliche Darstellung. – Erfurt 1932.

Kronfeld, J.: Heimathskunde von Thüringen. – Jena 1861.

Kühnlenz, F.: Eisenacher Porträts. Von Männern und Frauen, die der Wartburgstadt das Gesicht gaben. – Rudolstadt 1967.

Menchén, G., Leißling, W.: Burgen zwischen Werra und Elbe. – Rudolstadt 1983.

Moszner, K.: Die Wasserburg Kapellendorf. Ihre Geschichte und Baugeschichte. – Weimar 1986.

Müller, K. O.: Die Wartburg. Eine steinerne Chronik deutscher Menschen. – Jena 1927.

Paul, G.: Die Schicksale der Stadt Jena und ihrer Umgebung in den Oktobertagen 1806. Nach den Quellen dargestellt. – Jena 1920.

Polack, C.: Geschichte des Schlosses Tenneberg. Zeitschr. d. Vereins f. thüringische Geschichte u. Altertumskunde, Bd. 7. – Jena 1870.

Posse, O.: Die Markgrafen von Meißen und das Haus Wettin bis zu Konrad dem Großen. – Leipzig 1881.

Rothe, J.: Düringische Chronik. – Jena 1859.
Schache, K.: Burg Ranis. Eine kleine Beschreibung des Bauwerkes und seiner Geschichte. – Ranis 1988.
Schmid, E.: Geschichte der Kirchberg'schen Schlösser auf dem Hausberge bei Jena. Nach Urkunden und Nachrichten. – Neustadt a. d. O. 1830.
Schuster, W. J.: Man lädt uns ein zum Stelldichein. Napoleon in Thüringen. – Jena 1993.
Sydow, F. v. (Herausgeber): Thüringen und der Harz mit ihren Merkwürdigkeiten, Volkssagen und Legenden, Band 2. – Sondershausen 1840.